MANUEL

DE

COMPTABILITÉ

A L'USAGE

DES CORPS DE TROUPE DE LA MARINE,

Par le Capitaine JURY,

TRÉSORIER DU RÉGIMENT D'ARTILLERIE.

2e ÉDITION,

Publiée avec l'autorisation de son Excellence le Ministre de la Marine.

LORIENT,

Chez Éd. CORFMAT, Imprimeur-Libraire, rue du port, 68.

Juillet 1860.

MANUEL

DE

COMPTABILITÉ.

MANUEL

DE

COMPTABILITÉ

A L'USAGE

DES CORPS DE TROUPE DE LA MARINE,

PAR LE CAPITAINE JURY,

TRÉSORIER DU RÉGIMENT D'ARTILLERIE.

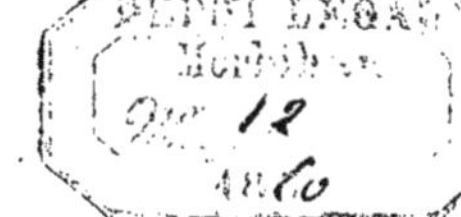

2e ÉDITION,

Publiée avec l'autorisation de son Excellence le Ministre de la Marine.

LORIENT,

CHEZ ÉD. CORFMAT, IMPRIMEUR-LIBRAIRE, RUE DU PORT, 68.

Juillet 1860.

AVERTISSEMENT.

Sur le rapport favorable de M. l'Inspecteur général de l'artillerie, *Son Excellence*, par une dépêche du 25 février 1860, a bien voulu autoriser la publication, sous le titre de MANUEL DE COMPTABILITÉ, *à l'usage des corps de troupe de la marine*, d'un recueil qui avait d'abord été exclusivement destiné au régiment.

Dans l'artillerie, la 6e compagnie d'ouvriers et le régiment ont de nombreux détachements éloignés, dont quelques uns sont commandés et administrés par des sergents, par des caporaux. Peut-on attendre de ces militaires, et même d'un officier, dont le service aux colonies est si multiple, l'exécution littérale des prescriptions administratives? Les portions détachées des régiments d'infanterie de marine n'ont point toutes un conseil chargé de coordonner les écritures; des compagnies ou des sections isolées, manquant souvent de documents, peuvent se trouver dans l'impossibilité de satisfaire aux règles de la comptabilité, et cependant, pour pouvoir effectuer le travail de centralisation, les dépôts ont besoin de renseignements précis, qui ne laissent aucun doute sur la légalité des opérations effectuées.

On sait que depuis 1855, les écritures ont été considérablement augmentées, par suite de la comptabilité distincte qui est tenue pour le service de la dotation. En attendant que l'expérience fasse reconnaître la possibilité et les avantages de n'avoir, comme par le passé, qu'un même mode d'administration, il est nécessaire que les corps et les détachements, possèdent tous les éléments propres à assurer cette partie encore peu connue du service.

Ce sont ces considérations qui ont porté à réunir dans un MANUEL, des notes dont l'application depuis plusieurs années a fait reconnaître l'utilité. L'accueil bienveillant fait à une première édition promptement épuisée, et les bons résultats obtenus dans l'administration des détachements du régiment d'artillerie, permettent de penser, que non-seulement le but a été atteint, mais encore que les militaires de tous grades des troupes de la marine pourront facilement trouver, en consultant le MANUEL DE COMPTABILITÉ, les renseignements administratifs qui leur sont nécessaires.

Ce recueil doit être également utile aux comptables, aux administrateurs, en leur évitant de laborieuses recherches, dans une législation qui comprend plusieurs centaines de volumes. Les dispositions qu'il relate étant puisées dans les publications de la guerre et de la marine, et les réglements militaires étant généralement communs aux troupes des deux départements ministériels, les corps de l'armée de terre peuvent être appelés, comme ceux de la marine, à trouver dans le MANUEL de nombreux renseignements épars dans la collection du journal militaire.

On reconnaîtra qu'il aurait été facile d'augmenter considérablement l'importance de ce livre, en donnant le texte des dispositions dont on s'est contenté d'indiquer l'analyse et la date. Mais, en outre de l'inconvénient d'un ouvrage peu portatif qui, dans tous les cas, ne pourrait contenir la législation entière, une telle publication serait d'un prix trop élevé, pour pouvoir être en la possession des militaires de tous grades, notamment des sous-officiers, le MANUEL ayant pour principal objet d'aider ces derniers, dans l'accomplissement de leurs fonctions, et de mettre les connaissances administratives à la portée du plus grand nombre.

L'ordre des matieres, tel qu'il est indiqué par la table suivante, et le répertoire alphabétique, qui en est la suite, doivent permettre les recherches, faciliter l'usage du MANUEL, et être d'un grand secours à ceux qui, par leur emploi, ont souvent à compulser l'ordonnance du 22 juin 1847. En administration, l'une des plus grandes difficultés est de trouver la décision applicable, et de savoir si cette décision n'a pas été abrogée ou modifiée. Or, le MANUEL fait connaître les changements survenus, et par sa disposition, donne la possibilité d'annoter les instructions qui auront été adoptées depuis sa publication, ou qui auraient été omises.

Les annotations en regard du texte, rappellent les articles ou les dates des lois, décrets, ordonnances, etc. Savoir :

D. M.; Circ. — Dépêche ou circulaire ministérielle, manuscrite.
B. O. — Bulletin officiel de la marine. } année, numéro, semestre ou page.
J. M. — Journal militaire officiel. }

D'autres abréviations ont été également employées; telles sont par exemple : Déc.; Ord.; Inst.; Régl.; Mod.; 2e 1857, etc.

Pour Décret; Ordonnance; Instruction; Réglement; Modèle; 2e semestre 1857, etc.

Lorsque la date de l'ordonnance n'est pas indiquée, et que l'article seul est cité, c'est à celle du 22 juin 1847 qu'il faut se reporter.

Cette ordonnance pour la marine, comprend celle du 25 décembre 1837 sur le service de la solde et des revues, et celle du 10 mai 1844 sur l'administration et la comptabilité des corps de troupe, en usage au département de la guerre.

Les modèles prescrits par les réglements sont indiqués par leurs titres ou par leurs numéros. Ceux donnés par le MANUEL sont placés à la fin, et portent une lettre de la série alphabétique.

Bien que publié avec l'autorisation du ministre de la marine, et adopté comme instruction administrative du régiment d'artillerie, le MANUEL ne prescrit rien; il rappelle ou conseille, et les détails qu'il contient ne sont donnés que comme renseignements.

TABLE DES MATIÈRES.

RÉPERTOIRE ALPHABÉTIQUE

des matières contenues dans l'ordonnance du 22 Juin 1847, ou rappelées dans le Manuel de Comptabilité.

(Les chiffres indiquent les articles de l'ordonnance, et les annotations en marge se rapportent à la pagination du Manuel. — Quelques modifications survenues ou reconnues pendant l'impression ont été placées dans ce répertoire.)

---

(1) Un décret du 23 mai 1860 crée quatre compagnies de discipline des colonies avec dépôt à Oléron. Ces compagnies sont destinées à recevoir les militaires qui, après condamnation correctionnelle, auront encore 18 mois de service à faire, et dont la conduite dans les bataillons d'Afrique, ou les antécédents, nécessiteront l'envoi dans ces compagnies. Par suite de cette création, les bataillons d'infanterie légère d'Afrique ne devront recevoir, en général, que les hommes dont la condamnation a été subie pour des délits purement militaires. (Voir le rapport et le décret au Journal Militaire).

(1) Pendant l'impression du Manuel, une décision du ministre de la guerre en date du 19 mai 1860 a abrogé les dispositions de celle du 26 janvier même année, indiquée au chapitre XXIII. Les exonérations dans les corps ne doivent plus avoir lieu qu'en vertu d'une autorisation ministérielle spéciale.

(1) La médaille de la valeur militaire de Sardaigne, étant une décoration et non une médaille commémorative, le remplacement du ruban, indiqué page 31, reste à la charge des titulaires. (Déc. de la guerre du 19 avril 1860). Voir au B. O. 26 mai 1860 pour les pièces à transmettre dans le cas de condamnation.

Pages.

NOTA.

Dans quelques annotations marginales du chap. VIII, le numéro de la décision a été indiqué au lieu de la pagination du B. O. C'est ainsi qu'à la page 34 du MANUEL, art. 30, il faut lire : n° 256 ou p. 666 ; à la p. 35, art. 204, n° 214 ou p. 88 ; art. 208, n° 228 ou p. 109 et à la p. 36, art. 282 n° 175 ou p. 386 ; à l'art. 421, la p. du B. O. est 141 au lieu de 421.

A la p. 66, aux annotations pour les mariages, au lieu de *septembre*, il faut lire : 17 décembre 1843.

CHAPITRE PREMIER.

NOTIONS
DE
COMPTABILITÉ ET D'ADMINISTRATION
ET LÉGISLATION MILITAIRE.

Notions de Comptabilité et d'Administration.

L'administration d'un corps de troupe se lie, non seulement à la législation militaire, mais encore aux lois générales du pays. Un officier ne peut y rester étranger, attendu qu'ayant des hommes à commander et à administrer, il doit pouvoir être, dans toutes les circonstances, leur guide et le défenseur de leurs droits. Toute demande ou réclamation qui lui est faite par un militaire, exige de sa part un premier examen, qui ne peut avoir de résultat, qu'autant que l'officier aura étudié la matière, c'est-à-dire, qu'il aura pu se rendre compte de la validité de la demande.

Si des connaissances administratives sont indispensables à un officier, elles ne sont pas moins nécessaires aux sous-officiers, lesquels, par les emplois qui leur sont dévolus, sont, ou peuvent être chargés des détails d'une compagnie, et dans certains cas, du commandement et de l'administration d'un détachement. Du reste, les réglements exigent l'étude de la comptabilité, et cette étude doit être d'autant plus sérieuse, qu'un défaut de connaissances administratives peut engager la responsabilité et l'avenir d'un militaire.

On doit entendre par administration militaire, l'ensemble des lois et des réglements dont l'application est faite dans les diverses positions. La comptabilité a pour objet de pourvoir à cette application, au moyen de règles qui doivent être suivies dans la rédaction des documents propres à constater la légitimité des recettes et des dépenses de toute nature.

La presque totalité des actes qui constituent la législation de l'armée se trouve dans le journal militaire officiel, recueil qui date de 1789. Toutefois, les recherches qu'on peut avoir à faire ne remontent pas, ordinairement, au-delà de 1830 ; attendu que les principales dispositions qui régissent aujourd'hui l'état militaire, sont postérieures à cette époque.

A peu d'exceptions près, les troupes de la marine sont régies par les mêmes règles que celles du département de la guerre. Néanmoins, comme elles sont parfois l'objet de dispositions particulières, il est souvent nécessaire de consulter les recueils de la marine et des colonies, tels que les annales maritimes de 1809 à 1846; les circulaires de 1847, et depuis 1848, le bulletin officiel qui a pour la marine, le même objet que le journal militaire pour l'armée de terre.

Les dépêches manuscrites du département de la marine doivent aussi être consultées, pour l'interprétation ou l'application des réglements, dans des cas particuliers, ou pour des dispositions qui n'ont été insérées, ni dans le bulletin officiel, ni dans le journal militaire.

D'après les décrets d'organisation, les dispositions nouvelles adoptées pour les corps du département de la guerre, ne deviennent applicables aux troupes de la marine, qu'après décision du ministre.

La nomenclature suivante, qui comprend les principales dispositions en vigueur, peut être considérée comme le programme des connaissances administratives nécessaires, si l'on consulte, en outre, les décisions postérieures qui ont pu modifier ou expliquer quelques parties de ces dispositions.

LÉGISLATION MILITAIRE.

Organisation des corps de la marine.

(La dernière date d'organisation ou de réorganisation est seule donnée).

Marine.	Compagnie de discipline, ordonnances des 21 avril 1824 et 25 décembre 1842.
B. O. p. 217.	Infirmiers militaires, décret du 19 mars 1853.
B. O. 1854 p. 355 et 1er 1859. p. 75 et 230.	Infanterie, décret du 31 août 1854. Répartition des effectifs du corps.
B. O. p. 295.	Artillerie, décret du 5 juin 1855.
B. O. p. 48.	Armuriers militaires, décret du 23 janvier 1856.
B. O. p. 475.	Chiourmes, décision impériale du 14 mai 1856.
B. O. 1856 partie supp.	Equipages de la flotte, décret du 5 juin 1856.
B. O. p. 681 et J. M. 1er 1854. p. 419. 1er 1858 p. 753,	Gendarmerie, décret du 15 juin 1858.

Recrutement des corps de troupe de la marine.

J. M. voir les semestres des années indiquées.	Loi du 21 mars 1832, instruction du 30 dudit, ordonnances des 28 avril 1832, 20 juin 1834 et 15 janvier 1837. Instructions des 4 mai 1832, 18 mai et 29 juin 1840, 24 avril 1849, etc.

Dotation de l'armée. Loi du 26 avril 1855, décret et réglement du 9 janvier 1856, instruction du 26 dudit, et application du 14 février 1856. — B. O. 1856 p. 177.

Avancement.

Loi du 14 avril 1832, ordonnance du 16 mars 1838. Loi du 23 Juillet 1847, décret du 16 octobre 1850. — J. M. voir les semestres des années indiquées.

État des Officiers.

Loi du 19 mai 1834, ordonnance du 21 mai 1836. — *Idem.*

État-Civil.

Constatation de la naissance des enfants, du mariage, du décès, et actes concernant les militaires hors de l'Empire, ou conservatoires des droits de ces militaires. — Code Napoléon. Titre relatif aux actes de l'Etat-Civil. J. M. 8 Mars 1823, 17 Août 1831, 25 Sep. 1833, 17 Déc. 1843, 19 Avr. 1844, 29 Nov. 1850, 8 Nov. et 7 Déc. 1855, 15 Mars 1859.

Récompenses militaires.

Pensions de retraite, aux militaires, à leurs veuves et à leurs enfants. — Lois des 11 et 18 Av. 1831 et 26 Avr. 1855, ord^{ces} des 2 Juil. 1831 et 26 Jan. 1832, marine.

Gratification de réforme renouvelable. — B.O. 2 Mars 1857 p. 160

Légion d'honneur, Médaille militaire. — Loi du 29 Floréal an X, ord^{ce} du 26 Mars 1816, décr. des 22 Janv. 29 Fév. et 16 Mars 1852,

Justice militaire, Discipline, etc.

Code de justice militaire pour l'armée de terre, du 9 Juin 1857. Instruction du 28 Juillet 1857. Nomenclature du 13 août 1857. — J. M. 2e 1857 p. 181.

Code de justice pour l'armée de mer, du 4 juin 1858, instruction, etc. — B. O. 1858, partie supp.

Dispositions réglementaires, concernant les compagnies de discipline. — J. M. 2e 1851, p. 451.

Pénitenciers militaires, réglement du 23 juillet 1856. — J. M. 2e 1856 n° 56.

Pénitencier maritime pour les marins. — B. O. 5 déc. 1859 p. 489.

Décret disciplinaire et pénal pour la marine marchande. — B. O. 24 Mars 1852 p. 402 et 520.

Réglement concernant les maisons d'arrêt et les prisons des ports. — B. O. 5 Av. 1851 p. 164 et 9 Fév. 1859 p. 103.

Réglement pour les prisonniers de guerre. — J. M. 6 Mai 1859 p. 243 et 8 Juil. 1859 p. 7.

Discipline des membres de la légion d'honneur et des décorés de la médaille militaire. — J. M. 24 Nov. 1852 p. 289, et 8 Déc. 1859 p 383,

Administration des Corps de la Marine ; Service de la Solde, etc.

Marine.	Ordonnance du 22 juin 1847 sur la solde et l'administration des troupes.
B. O. 2e 1851 p. 787. 15 Août 1856. p. 700.	Décret du 19 octobre 1851 sur la solde et l'administration des équipages.
B. O. 30 Août 1856 p. 757 et J. M. 1er 1856 p. 771.	Réglement concernant la solde et l'administration de la gendarmerie maritime.
J. M. 1er et 2e 1838.	Réglement d'administration publique des 31 mai 1838 et 1er décembre 1838.
Marine Intruction du 8 Nov. 1847.	Habillement, chauffage, écoles, entretien des armes, etc.
J. M. 1854 partie sup.	Armement, réglement du 1er mars 1854, en partie applicable à la marine.
Marine.	Armement ; classement, entretien et tarifs du 2 mars 1857.
Marine.	Casernement, réglements du 21 novembre 1854.
J. M. 1831 partie sup.	Réglement du 1er avril 1831, sur le service des Hôpitaux.
J. M. 31 Déc. 1823 p. 427.	Réglement sur les convois militaires.
J. M. 20 Déc. 1837 n° 49 p. 17 ; 1er 1853 p. 495 ; 1er 1858 p. 537 ; 2e 1858 p. 559 ; 1er 1859 p. 176. B. O. 16 Sept. 1853, p. 614.	Frais de route des militaires voyageant isolément.
B. O. 1er Oct. 1851 p. 895, 9 Av. 1859 p. 229.	Réglement sur les indemnités de route et de séjour, pour les officiers et agents divers de la marine.
B. O. 27 Juil. 1859 p. 129, 27 Nov. 1856 p. 1013, 29 Av. 1859 p. 274.	Tarif de frais de route pour les officiers et marins, et Etat des distances. (Ce dernier applicable aux officiers des corps de troupe voyageant par les voies rapides).
J. M. 1er 1856 p. 185.	Réglement concernant le transport des troupes par les chemins de fer.
B. O. 1860, p. 13.	Instruction du 31 décembre 1859 concernant les transports de la guerre et de la marine à prix réduit.

Honneurs et préséances.

J. M. an XII p. 135.	Décret du 24 messidor an XII.
J. M. 1er 1840 p 248.	Voir pour les revues, l'ordonnance sur le service intérieur, l'instruction sur les inspections générales, et la décision du 2 juin 1840.
B. O. 12 Juin. 1858 p. 592 et 15 Oct. 1859 p 343.	Pour les inspecteurs généraux de la marine.

Documents divers à consulter.

Service des places : ordonnance du 1er mars 1768 ; décret du 24 décembre 1811.

Inscription maritime. (Loi du 13 brumaire an IV.)

Manœuvres d'infanterie, ordonnance du 4 mars 1831.

Service des armées en campagne, ordonnance du 3 mai 1832, etc.

Service intérieur, ordonnance du 2 novembre 1833,

Instruction à pied et à cheval dans les régiments d'artillerie, 15 juillet 1835 et 13 février 1848.

Manœuvres et évolutions de batteries, 12 mars 1836.

Revues trimestrielles, instruction du 27 octobre 1838. — J. M. 2e 1838 p. 213.

Réformes, instruction du 3 mai 1844. — J. M. 1er 1844 p. 275.

Manœuvres des bataillons de chasseurs à pied, ordonnance du 22 juillet 1845.

Instruction sur le tir des bataillons de chasseurs à pied, du 28 novembre 1847.

Manœuvres de l'artillerie, réglement provisoire du 27 octobre 1847.

Exercice des bouches à feu en usage dans la marine, 2e édition 1850.

Manuel du matelot canonnier, 4e édition 1851.

Service à bord, décret du 15 août 1851. — B. O. 2e 1851 p. 463.

Comptabilité des matières au département de la marine. — B. O. 1854 partie sup. 28 Nov. 1857 p. 1027, modification du 21 Oct. 1859.

Aide-mémoire des officiers d'artillerie, édition de 1856. — Voir p. 941 et suivantes.

Réglement provisoire à l'usage de l'artillerie de marine, du 5 juillet 1856.

Réglement pour le service colonial des officiers d'artillerie. — B. O. 20 Sept. 1856 p. 906.

Conseil d'amirauté. — Tableau d'avancement. — B O. 20 Mars 1858 p. 129.

Service intérieur de la gendarmerie. — J. M. 9 Av. 1858 p. 1041.

Instructions pour les inspections générales, du 6 mai 1858. — B. O. p. 429.

Réglement sur la fabrication des bouches à feu. — B. O. 9 Fév. 1859, p. 103.

Réorganisation du corps de santé militaire. — J. M. 23 Av. 1859 p. 169.

— de l'artillerie de terre. — J. M. 20 Fév. 1860 p.

CHAPITRE II.

ÉCRITURES DU DÉTAIL ; REGISTRES ; PERCEPTIONS ; JUSTIFICATION DES RECETTES ET DES DÉPENSES ; FEUILLE DE JOURNÉES ; DÉCOMPTES ET REVUES DE LIQUIDATION ; CENTRALISATION.

Écritures du détail.

J. M. 1er 1858.

L'ordonnance du 22 Juin 1847 doit être étudiée avec soin. La 1re partie qui correspond à l'ordonnance du 25 décembre 1837 du département de la guerre, indique les règles à suivre pour justifier les droits aux allocations et aux prestations dans toutes les positions de présence ou d'absence; la seconde partie, qui traite de l'administration et de la comptabilité des corps de troupe, correspond à l'ordonnance du 10 mai 1844. Les différences qu'on remarque entre l'ordonnance de 1847 et celles des 25 décembre 1837 et 10 mai 1844, sont motivées par la spécialité du service des troupes de la marine.

J. M. 1er 1844 p. 297.

Les changements apportés dans quelques articles de l'ordonnance de 1847 sont indiqués au chapitre VIII.

On ne peut que présenter ici, d'une manière sommaire, quelles sont les écritures que doit faire un corps ou une portion de corps qui s'administre séparément. Nous supposerons un détachement, éloigné du dépôt, devant tenir sa comptabilité et fournir tous les renseignements propres à centraliser les recettes et les dépenses. Les détails qui suivent seront mieux compris, si l'on a sous les yeux les articles et les modèles cités en marge.

Registres nécessaires à un détachement.

Mod. n° 8, articles 304 à 320 et 617 de l'ordon.

1° *Un livret de solde*, sur lequel doivent être inscrites nettes, toutes les sommes reçues. Il est utile de rappeler en marge et à gauche de l'inscription, le numéro sous lequel la recette est portée au journal, et à droite aussi en marge, le trimestre auquel la recette se rapporte.

Art. 30 du décret du 9 Janvier 1856.

Les recettes pour le compte de la dotation de l'armée, sont inscrites dans une section séparée du livret; les derniers feuillets y sont consacrés.

Mod. n° 69, art. 684 de l'ordonnance.

2° *Un Registre Journal*, destiné à recevoir l'inscription de toutes les recettes et dépenses effectives.

Les recettes sont justifiées par le livret de solde, et en outre par des pièces, pour toutes celles qui ne proviennent pas du Trésor, et qui sont dites Recettes directes. Les dépenses le sont, par des feuillets de prêt, états d'émargement, bulletins, factures, etc., légalement acquittés.

3° *Un livre de détail ou de compagnie*, qui sert en même temps de contrôle annuel pour les mutations. Mod. n° 85, art. 699 de l'ordonnance.

On se dispensera de faire connaître comment doit être tenu ce dernier livre; une instruction spéciale, extraite de l'ordonnance, est ordinairement placée dans le livre même, et donne tous les détails nécessaires. Il suffira de dire qu'aucun des renseignements que le livre de compagnie doit contenir, ne peut être négligé, attendu qu'il sert de base à la comptabilité. Un chapitre supplémentaire concernant la dotation, et dont il sera parlé, facilite la vérification des dépenses pour la haute-paie.

4° *Les registres auxiliaires* pour la correspondance, l'inscription des dépêches, les ordres, etc.

Dans le cas où la portion de corps est administrée par un conseil secondaire ou éventuel, les autres registres à tenir sont indiqués par l'ordonnance du 22 juin 1847. Les modèles annexés à cette ordonnance, présentent les exemples des opérations et des inscriptions que les divers registres doivent contenir. Art. 678 de l'ordonn.

En outre des documents prescrits par l'ordonnance, les détachements doivent être pourvus pour le service de l'habillement et de l'armement; d'un contrôle des effets de la 1re et de la 2e catégorie; d'un registre ou livret de classement par ancienneté de durée des effets de la 2e catégorie; d'un contrôle des armes; d'un livret d'armement; d'un livret de poinçon E; d'un registre des réparations d'armes et d'un livret de munition. Plusieurs de ces contrôles ou livrets peuvent être réunis en un seul. Mod. 74 à 83. Réglemt du 1er Mars 1854, modèles 1, 11, 14 et 25.

Perception de la solde et des accessoires.

Le corps dresse par quinzaine, le 1er et le 16 de chaque mois, des états pour la perception de la solde de la troupe et des hautes paies. Ces états sont décomptés par grades, d'après l'effectif présent, le nombre de jours, et la solde indiquée par le tarif suivant la position de la troupe. Il est tenu compte des mutations survenues dans la dernière quinzaine, à moins que cette quinzaine ne fasse partie d'un autre trimestre; et le résultat, en augmentation et en diminution, est porté sur l'état. Mod. n° 5, art. 300 de l'ordonnance. Mod. n° 6.

L'état de solde est dressé, en France, en double expédition, et aux Colonies ou pour les troupes embarquées, en triple expédition. L'une des expéditions doit porter quittance à la somme brute; la même quittance est donnée sur le mandat ordonnancé par l'administration. La deuxième expédition, et s'il y a lieu, la troisième expédition de l'état d'effectif, doit porter la déclaration de quittance.

Le corps dresse également et en même nombre d'expéditions, mais à la fin de chaque mois et à terme échu, l'état de solde pour ce qui concerne les officiers, les allocations de la masse, enfin pour toutes les perceptions qui, allouées par la revue, ne sont pas reçues avec la solde de la troupe. Il n'y a d'exception que pour la masse d'entretien, laquelle est perçue en totalité Art. 298 et 301 de l'ord. Mod. n° 3 A et B. Art. 236 de l'ordonn.

par le dépôt. Ainsi par exemple, une compagnie d'Ouvriers reçoit sa masse d'entretien d'après le tarif, mais un détachement de compagnie, ou les compagnies d'un régiment autres que celle hors rang de la portion centrale, ne reçoivent la portion de masse d'entretien qui leur est nécessaire, que par les soins du dépôt, chargé d'en percevoir l'allocation entière.

Art. 389 de l'ordonn.

Ainsi qu'on l'a dit, l'acquit donné sur le mandat et sur l'expédition de l'état de solde, doit indiquer la somme brute, mais l'inscription du payeur sur le livret, et celle à faire sur le registre journal, ne comprennent que la somme nette, c'est-à-dire, celle dont le 3 0/0 au bénéfice de la Caisse des Invalides de la Marine, a été déduit.

Cette déduction étant opérée sur toutes les sommes payées pour la Marine, le montant des états doit être abondé du 3 0/0 à l'infini, pour que du total qui en résulte, la retenue pour les Invalides puisse être exercée. En divisant le total à recevoir par 97, et en multipliant le quotient par 100 on obtient la somme brute dont le mandat doit être ordonnancé ; la différence entre les deux sommes donne le 3 0/0 à l'infini.

Art. 385 et 388 de l'ordonnance.

La solde et les suppléments de solde des officiers, ainsi que l'indemnité de représentation, étant passibles d'une retenue de 2 0/0 ; la déduction doit en être faite sur l'état de solde, avant d'abonder du 3 0/0 à l'infini, la somme qui doit être réellement payée au corps.

Art. 720 et 724 de l'ordonnance.

Art. 617 de l'ordonn.

Les recettes accidentelles ou directes, c'est-à-dire, celles qui ne proviennent pas des mandats ordonnancés par l'administration, tels que versements aux masses, remboursement pour trop payé, etc., doivent être portées sur le livret de solde et signées, soit par le commandant, soit par le faisant fonction de major, si la portion de corps a un conseil. Elles sont appuyées de pièces justificatives.

Justification des recettes et des dépenses.

Mod. n° 96, art. 706 de l'ordonn.

Mod. n° 100, art. 712 de l'ordonn.

Mod. n° 101.

Le livret de solde, et s'il y a lieu, des pièces à l'appui, servent à constater les inscriptions de recettes faites au journal. Celles de dépenses sont justifiées : *pour la solde des Officiers*, par des états nominatifs avec émargement et détail des diverses allocations d'après les journées de présence ou d'absence ; *pour la solde de la troupe*, par des feuilles de prêt, qui indiquent, comme les états de solde, l'effectif présent, le nombre de journées, le total par grade. On ajoute, ou on déduit du montant, le résultat des mutations depuis le dernier paiement. Ces feuilles de prêt arrêtées en toutes lettres et signées par le commandant de la compagnie ou du détachement, sont établies d'avance quand la troupe ne reçoit que le pain, et à terme échu, quand elle reçoit les vivres de campagne. Si la portion de corps a plus d'une compagnie, il est fait un bordereau des feuilles de prêt, et le total du bordereau est seul inscrit au journal ; *pour la masse individuelle*, par des états indiquant le paiement des excédants de masse, par des bulletins portant acquit de l'avoir envoyé à d'autres corps ou payé à des militaires promus, congédiés, etc. *Pour la masse d'entretien*, par des bulletins de réparations, par les factures des fournitures exécutées, etc.

Art. 724 et suivants de l'ordonn.

Les paiements effectués par les corps n'exigent point la production de factures timbrées. Toutefois, si ces paiements sont des avances faites dont le remboursement doive être effectué par le Trésor ; tels que confections d'habillement, abonnement des armes, achats pour les écoles, etc. ; les factures des maîtres ouvriers et des fournisseurs, à mettre à l'appui des mandats, doivent être timbrées. La même distinction doit être faite pour le 3 0/0 ; cette retenue n'est point exercée sur les paiements faits par le corps au titre de la masse individuelle ou de la masse d'entretien ; mais si le trésor doit effectuer le remboursement des avances, les factures à joindre au mandat sont ou non abondées du 3 0/0 à l'infini, selon le cas.

J. M. 17 Janv. 40 p. 10.

B. O. 30 Juillet 1858 p. 750.

Toutes les pièces doivent être légalement visées et acquittées. Celles de recettes et celles de dépenses, ont un numéro distinct pour l'inscription au journal, et par ordre de date, du 1er Janvier au 31 Décembre de chaque année, quand bien même la recette ou la dépense ne s'appliquerait pas à ce même exercice ; mais le trimestre et l'année que la pièce concerne, sont indiqués d'une manière apparente, *à droite et en tête de l'état*, pour y avoir recours dans le travail de centralisation dont il sera parlé. Cette même indication de trimestre et d'année, est inscrite dans une colonne du registre journal.

Ces renseignements doivent suffire pour indiquer que toutes les inscriptions du journal doivent être justifiées. L'avoir en caisse doit résulter de la comparaison des recettes et des dépenses. La vérification est faite aux époques indiquées par l'ordonnance, et le registre journal est arrêté à la fin de chaque trimestre.

Art. 684 et 736 de l'ord.

Feuilles de Journées.

Les perceptions faites pendant le trimestre, ne peuvent être considérées, que comme des à-comptes payés au corps, sur son crédit à établir. Ce crédit ressort des allocations réglementaires, et est constaté par les feuilles de journées.

Articles 373 à 495 de l'ordonnance.

Il est inutile de détailler l'objet et la nature des indications que présente une feuille de journées. Le modèle contient toutes les explications nécessaires. Elle doit être établie avec le plus grand soin, au moyen du contrôle et des mutations inscrites sur le livre de détail. Si ce dernier est bien tenu, la compagnie ou le détachement possède tous les éléments propres à reconnaître l'exactitude des décomptes. Ainsi, par exemple, si les mutations ont été exactement inscrites et vérifiées avec les pièces qui ont servi à les libeller, le décompte ne présentera aucune difficulté, et si chaque feuille de prêt a été établie eu

Mod. n° 32. A ou B.

égard aux mutations survenues d'un prêt à l'autre, il ne pourra y avoir de différence entre les allocations et les perceptions, que celle qui doit résulter des mutations survenues dans les derniers jours du trimestre, si le prêt est payé d'avance. L'inscription journalière de la situation numérique sur le livre de détail, permet aussi de reconnaître l'exactitude des journées de présence, et par suite, celle de leurs décomptes en deniers.

J. M. 6 Novembre 1851 p. 296.

J. M. p. 133.

B. O. 11 Mars et 6 Mai 1850 p. 208 310 et 319 et D. M. du 15 Mai 1850.

Les modifications à la feuille de journées qui avaient été faites en 1851 ont été supprimées par une nouvelle décision du 26 mars 1859 ; par suite, la colonne 22 doit comprendre toutes les journées de présence et d'absence. La colonne 25 sert à indiquer, pour mémoire, le nombre de journées ne donnant point droit à la prime d'entretien de la masse individuelle.

L'établissement d'une feuille de journées, n'exige donc que de l'ordre et du jugement, et les erreurs ont généralement pour cause la négligence du chargé de détail, et la mauvaise tenue du livre de compagnie.

Dép. M. du 1er Juillet 1846.

Les décomptes de la solde des officiers, d'après les tarifs en vigueur, présentent souvent avec les sommes payées ou allouées, des différences qu'on cherche à éviter, en considérant comme des *neuvièmes*, le chiffre des millimes, c'est-à-dire, que le produit de ce dernier chiffre par le nombre de jours doit être divisé par 9. Néanmoins, comme l'établissement de la revue d'un corps ou d'une portion de corps, comprend généralement plus d'une feuille de journées, les différences, toutes faibles qu'elles soient, peuvent donner en résultat plusieurs centimes d'erreurs, surtout quand les feuilles comprennent pour la troupe la demi-journée allouée en supplément, etc.

Art. 130.

B. O. p. 1015.

On obvie autant que possible à cet inconvénient, en se conformant pour chaque total par nature d'allocation (au tableau N° 6 de la feuille de journées), à la décision ministérielle du 11 décembre 1857, qui prescrit de forcer d'un centime, lorsque le chiffre des millimes atteint celui de 5. Du reste, les différences s'il en existe, font l'objet d'une augmentation ou d'une diminution au tableau 10 page 23 de la revue de liquidation, ou au tableau N° 2, page 17 du décompte provisoire.

Mod. n° 46 et n° 50 modifié.

Aucune des indications que doit présenter une feuille de journées ne doit être négligée, attendu qu'elles sont toutes nécessaires pour l'établissement des revues de liquidation. Il convient donc de consulter avec soin les notes et les renseignements dont chaque tableau est l'objet, notamment celui N° 1, dont toutes les indications doivent être rigoureusement remplies.

Art. 385 de l'ordonn.

Le total général de la récapitulation des quatre parties des décomptes en deniers, indique le crédit du corps, c'est-à-dire, les sommes qui lui sont dues pour solde et suppléments, indemnités, masses, gratifications, etc. ; mais comme pour les officiers, la solde, les suppléments de solde, et l'indemnité de représentation, sont passibles de la retenue du 2 0/0, ce total général doit être diminué du montant de la retenue, pour avoir le chiffre exact du crédit du corps.

Quand on connaît ainsi, le chiffre des sommes allouées, aux officiers, par exemple, on le compare d'une part, avec les sommes reçues du trésor, et on constate un trop ou un moins perçu dont il est tenu compte, soit dans le trimestre suivant, soit sur le dernier état de solde du trimestre, lequel n'est ordinairement établi qu'après le réglement; et d'autre part, le même chiffre des allocations avec les sommes payées, d'après les états d'émargement. Si une différence est reconnue, un état comparatif est dressé; la somme payée en trop est remboursée par les officiers, et portée en recette au journal; celle payée en moins est portée en dépense, et payée aux ayants droit.

Mod. n° 98, art. 709 de l'ordonn.

La même comparaison doit être faite pour la solde et les hautes paies de la troupe, entre les sommes reçues par quinzaine, celles allouées par la feuille de journées, et celles payées pour le prêt.

La différence que présente généralement l'allocation ou crédit, comparée avec les états de solde ou débit, provient des mutations survenues dans la dernière quinzaine du trimestre, et il en est tenu compte sur l'état de solde des officiers dressé pour le troisième mois. Si malgré les soins apportés, d'autres différences sont signalées et modifient le crédit, elles font l'objet d'un trop ou d'un moins perçu, qui est constaté dans la revue de liquidation; document dont il sera parlé.

Quant au résultat de la comparaison, entre les allocations et le total des feuilles de prêt; si, d'après l'état comparatif qui est dressé à cet effet, il y a un moins perçu, la différence est payée au capitaine de la compagnie, et portée en dépense; et s'il y a un trop payé, la différence est remboursée par ce dernier et inscrite en recette.

Mod. 102 et 103, art. 720 de l'ordonn.

Il résulte de cette manière d'opérer, que pour la solde, *les dépenses doivent toujours être en concordance avec les allocations*. Cette remarque est très-importante pour la régularité d'une comptabilité. Les dépenses peuvent ne pas être toujours égales aux sommes réellement reçues, mais dans ce cas, la différence donne lieu pour le corps, ainsi qu'on l'a déjà dit, à un crédit ou à un débit, que le réglement du trimestre suivant doit faire balancer.

L'administration du lieu où le corps se trouve placé, est chargée de la vérification des feuilles de journées. Tous les documents qui ont servi à les établir et qui constatent les mutations depuis la dernière revue, doivent être joints à ces feuilles, ainsi que les divers états prescrits par l'ordonnance; notamment *la feuille de journées spéciale pour le chauffage*, et s'il y a lieu, *l'extrait général présentant les divers rappels effectués qui se rapportent à un exercice antérieur*.

Articles 474, 492, 501 de l'ordonn.
Mod. n°s 33 et 47.

C'est au moyen de toutes ces données et des inscriptions

faites sur les contrôles et autres registres, que le bureau des revues dresse, pour chaque portion du même corps soumise à son administration, un décompte de libération provisoire.

Décompte de libération et revue de liquidation.

Mod. N° 50 de 1849, art. 520 de l'ordonn.

Le décompte de libération est numérique, et a pour objet de faire connaître, d'après les journées acquises et les paiements qui ont été effectués, si une portion de corps a du plus ou du moins perçu, soit en deniers, soit en nature. Ce décompte est envoyé au commissaire aux revues de la portion centrale, qui dresse le décompte définitif, et qui établit les revues de liquidation.

Mod. N° 46, art, 497 de l'ordonn.

Il est établi une revue de liquidation distincte pour chaque portion de corps employée dans une même colonie, ou faisant partie d'une même expédition, et une revue qui comprend toutes les portions d'un même corps employées à l'intérieur.

Art. 494 et 521 de l'ordonnance.

Comme les corps sont appelés à vérifier et à reconnaître l'exactitude des décomptes et des revues, il devient nécessaire d'entrer dans quelques détails pour s'assurer que dans la rédaction de ces documents, toutes les prescriptions ministérielles ont été observées.

D. M^le du 26 Mai 1857.

Les tableaux N°s 1 à 7 concernant les mouvements de l'effectif dans chaque corps, ou chaque portion de corps, doivent être dressés avec la plus grande régularité et présenter le résumé exact des feuilles de journées. Ils doivent contenir tous les renseignements que comporte le cadre imprimé. Ces renseignements ne doivent pas s'écarter des énonciations portées dans les titres indicatifs.

Le tableau N° 1 est destiné à présenter l'effectif par compagnie de toutes les portions de corps stationnées hors de France.

Lorsqu'une revue comprend une concession d'indemnité extraordinaire en rassemblement ou pour cherté de vivres, il est nécessaire de relater au tableau N° 3, la décision en vertu de laquelle l'allocation est accordée.

Les tableaux N°s 6 et 7 doivent donner la récapitulation générale des gains et pertes *pour toutes les portions du corps*. Ils ne doivent donc point être seulement, la récapitulation des tableaux 3 et 4, ni ne constater que l'effectif de la portion centrale.

Si, lorsque l'administration d'un port procède à l'établissement d'une revue de liquidation concernant une portion centrale, elle n'a pas les éléments nécessaires pour la formation des tableaux 6 et 7, il convient de le mentionner sur ces tableaux, et de s'abstenir d'y insérer des indications erronées. On doit avoir soin, qu'il n'y ait pas d'inexactitudes, soit dans les reports d'un trimestre à l'autre, soit dans les indications directement puisées aux tableaux de la feuille de journées établie pour l'état-major du corps.

L'emploi du tableau N° 8 ne paraît pas toujours être bien compris. Ainsi que l'indique son titre, les rectifications à y faire figurer sont celles qui existent, par suite d'erreurs reconnues dans le crédit des revues précédentes, c'est-à-dire, dans le tableau N° 10 où sont résumés les droits du corps. Les redressements d'erreurs reconnues dans les décomptes de libération en deniers, des revues antérieures, doivent figurer au tableau N° 12. C'est là une distinction importante à observer.

Il y a lieu d'indiquer dans la colonne d'observation, page 21 de la revue, les bases d'après lesquelles l'allocation de la masse générale d'entretien est calculée pour chaque trimestre.

Tableau N° 12, Crédit. Cette partie page 27, doit présenter :

1° Le montant des sommes allouées par la revue (tableau 10, page 23) ;

2° Les rectifications d'erreurs au préjudice du corps dans les décomptes des revues précédentes, c'est-à-dire, résultant d'une balance erronée du crédit et du débit ;

3° Les augmentations diverses résultant des circonstances qui n'affectent pas les droits acquis par le corps, c'est-à-dire, les droits consignés au tableau N° 10 ;

4° Le moins perçu résultant de la revue précédente.

Les mandats acquittés doivent être inscrits : ceux sur l'exercice antérieur à la page 28 ; ceux au titre duquel la revue est établie, pages 29 à 32, et ceux acquittés sur les crédits de l'exercice postérieur, à la page 33.

La page 34 est affectée au redressement des erreurs au préjudice de l'Etat, reconnues dans les décomptes des revues précédentes, lorsqu'elles proviennent d'une comparaison erronée des termes généraux du crédit et du débit. Ce redressement doit figurer pages 27 ou 34 selon le cas.

La page 35 est spécialement affectée à l'imputation des sommes acquittées sur les fonds d'un exercice écoulé et dont l'inscription au débit du corps n'aurait pas été faite en temps utile.

L'administration des ports a quelquefois imputé au titre de la page 36, le montant des paiements faits aux troupes de la marine par les soins des fonctionnaires de l'intendance. Cette classification ne doit être adoptée qu'à l'égard des paiements qui ne doivent pas faire l'objet d'une imputation définitive sur les fonds de la solde des troupes de la marine. Elle ne doit donc pas être suivie à l'égard des avances courantes, qui sont faites aux troupes de la marine par l'administration de la guerre. Ces avances doivent être portées avec les paiements faits par l'administration de la marine elle-même. Les paiements faits par les sous-intendants militaires sont indiqués sur un état trimestriel dressé par les revues et transmis au ministère. B. O. 3 Août 1850, p. 57.

Le tableau N° 12, 2e partie, doit toujours présenter le décompte en deniers des rations perçues en trop, et l'arrêté de la revue doit mentionner le N° du récépissé, justifiant que le montant du trop perçu en rations a été reversé au trésor.

Ces explications relatives à l'établissement d'une revue de liquidation, sont communes à la rédaction des décomptes provisoires de libération, ces derniers devant servir à établir la revue.

Centralisation des Recettes et Dépenses.

On doit remarquer que les décomptes de libération, comme les revues de liquidation, n'établissent de comparaison qu'entre les sommes reçues du trésor et celles allouées, et non entre ces allocations et recettes, et les dépenses réellement faites. C'est au corps qu'il appartient de justifier que les dépenses sont en concordance, non-seulement avec les recettes, mais encore avec les allocations, sauf pour les masses, et c'est là le but qu'on atteint par le travail de centralisation.

On a vu que le registre journal indique les recettes et les dépenses, mais sans distinction d'origine et sans application. Les mouvements de fonds que ce journal présente sont effectifs, et on ne peut reconnaître si ces fonds ont été reçus ou employés suivant leur objet. Un corps reçoit et dépense des sommes pour la solde, les masses, l'entretien des armes et des écoles, etc., etc.; il faut donc qu'il puisse établir quels sont les excédants qui résultent dans chaque classification.

Mod. n° 70. Un registre dit de centralisation est tenu au dépôt. Ce registre contient autant de colonnes qu'il y a de titres de recettes et de dépenses, et permet de se rendre compte des opérations financières de toute nature.

Les sommes portées au journal y sont inscrites chacune dans la colonne et sous le titre qui lui est propre. En totalisant ensuite les sommes reçues et dépensées, il est facile de les comparer les unes avec les autres, et de s'assurer s'il y a concordance entre elles, ou si les excédants peuvent être expliqués.

La comptabilité présente souvent des opérations qui n'ont pas été directement effectuées par le corps, par suite de paiements particuliers qui doivent être régularisés. Ainsi, des détachements, des militaires isolés, peuvent recevoir la solde par les soins des sous-intendants ou de l'administration de la marine, hors des lieux où réside le corps ; les délégations faites aux colonies sont payées en France, etc. Les décomptes et les revues indiquent alors des débits dont il doit être fait écriture, puisque les feuilles de journées allouent des sommes, qui ne sont pas toujours entièrement payées par le corps.

Afin d'arriver à la concordance entre les recettes et les dépenses de même nature, dans le travail de centralisation, il arrive que des opérations d'ordre sont nécessaires à effectuer ; opérations qui n'influent en rien sur l'avoir réel des fonds. Ainsi les sommes reçues du trésor, quoique présentant dans leur ensemble le crédit alloué, diffèrent entre elles, dans la nature des allocations. Le corps peut avoir reçu pour la masse individuelle, une somme inférieure à celle allouée, et pour la solde, au contraire, une somme supérieure, présentant ou non cette différence. On obvie à cela par *un virement de fonds*, c'est-à-dire par une recette à la masse individuelle et par une dépense de la même somme à la solde ; opération qui ne constitue aucun changement à l'avoir, mais qui permet de balancer les dépenses de même nature.

Dans divers cas prévus par l'ordonnance, il est fait reprise au profit du trésor de l'avoir à la masse individuelle. Un virement de cette masse à la solde est alors effectué. Dans les virements de fonds, sont compris aussi les versements d'une masse à l'autre, et dont le détail est généralement indiqué dans les feuilles de décompte.

Art. 220. B. O 15 Mai. 1856. p. 469.

Pour que le dépôt d'un corps puisse établir la centralisation, qui doit comprendre les opérations administratives faites par les détachements, il est indispensable que ces derniers, fournissent tous les documents nécessaires, et que leurs comptes soient tenus d'une manière uniforme. Il importe également que chaque portion de corps puisse se rendre compte de la situation de ses fonds, en faisant pour son administration particulière, un travail de centralisation, dont le double est envoyé au dépôt comme élément de la centralisation générale.

Au régiment d'artillerie, ce travail n'est autre que l'extrait du registre journal, présentant la classification des recettes et des dépenses, ainsi que les résultats financiers des opérations effectuées pendant le trimestre. Les renseignements que doit contenir ce document, dont le modèle est donné, permettent une grande simplification dans la tenue des écritures des détachements, tout en donnant au dépôt les moyens de vérification qui lui sont nécessaires. L'envoi doit être fait aussitôt que la portion de corps en France, a reçu communication par les revues de l'extrait du décompte définitif de libération, et les détachements à l'extérieur, doivent faire parvenir les mêmes documents au dépôt, après vérification et signature du décompte qui est dressé par l'administration locale pour être transmis à celle de la portion centrale. Les rectifications, s'il y en a, sont opérées par cette dernière et communiquées aux détachements.

Dernier § de l'art. 796. de l'ordonn.

Modèle A.

Art. 522. de l'ord.

Chapitre III.

MASSE INDIVIDUELLE.

Après avoir fait connaître comment un corps ou une portion de corps peut s'assurer de l'exactitude de ses opérations, en ce qui concerne la solde, et tous les accessoires qui se rapportent au titre de la solde, par la comparaison des recettes, des dépenses et des allocations, il est nécessaire d'entrer également dans quelques détails, en ce qui concerne la masse individuelle.

Art. 735 de l'ordonn.

Les mutations des hommes qui passent d'une portion de corps à une autre, ne donnant lieu à aucun mouvement de fonds de la masse individuelle, il en résulte que les détachements, quoique administrant cette masse, n'ont pas à leur disposition, la totalité des sommes qui résulte de l'avoir ou du débet des militaires qui comptent à leur effectif.

Art. 736.

Pour que cette prescription réglementaire puisse être effectuée, sans que la centralisation générale de toutes les masses, qui est faite par le dépôt, soit trop laborieuse à établir, eu égard à l'effectif du corps et aux nombreuses mutations, il est indispensable que toutes les feuilles de décompte soient dressées avec la plus rigoureuse exactitude.

Feuilles de décompte.

Mod. n° 113 art. 746 de l'ordonn.

Ces feuilles de décompte ou situation des masses, constatent des opérations, dont les unes sont réellement faites par la portion de corps, et dont les autres doivent se relier, soit à celles du dépôt, soit aux écritures des autres détachements. Il suffit d'appeler l'attention sur cette distinction, pour reconnaître que la moindre erreur dans les comptes de la masse individuelle, entraîne à des recherches et à des rectifications nombreuses. Pour ne citer qu'un exemple : que l'avoir d'un militaire soit passé à une portion avec un chiffre inexact ; cette dernière aura plus tard à modifier les comptes, et si cette modification, qui n'est ordinairement connue que dans un trimestre ultérieur, concerne un homme passé à un autre corps, ou rayé des contrôles de la portion, il n'est guère possible de l'effectuer, sans engager la responsabilité du comptable qui a commis l'erreur.

La feuille de décompte doit toujours être en parfaite concordance avec les inscriptions faites au livre de détail et aux livrets individuels. Elle est établie, comme la feuille de journées, par rang de contrôle, et doit comprendre tous les hommes qui ont fait partie de l'effectif pendant le trimestre ou pendant la période pour laquelle elle est dressée. L'avoir ou le débet des hommes au 1er jour du trimestre, doit être exactement relaté et sert de base aux décomptes.

Dans le cas de mouvements d'une compagnie à une autre dans le même lieu, ou d'une portion de corps à une autre, la colonne *mutations* doit indiquer *les numéros de compagnie et de contrôle*, afin de faciliter la vérification des masses passées et venues. Aucune inscription de la feuille ne devant être omise, on détaillera ici l'objet et la nature des divers renseignements qu'elle doit contenir, pour que le dépôt puisse effectuer la centralisation des fonds de la masse individuelle.

Recettes.

Les journées de prime inscrites dans la colonne 5, doivent être égales à celles données par la feuille de journées. Il n'y a d'exception que pour la prime des adjudants, laquelle est payée comme la solde, par suite d'un virement, s'il y a lieu. Le produit de ces journées de prime est porté dans la colonne 7, et le total doit être égal à l'allocation et à la perception. Il en est de même pour les premières mises, qui sont inscrites dans la colonne 8. Art. 226 à 232 de l'ord. B. O. 11 Mars et 6 Mai 1850. Art. 723 de l'ord. Art. 217 de l'ordonn.

Le total de la colonne 9 doit être égal à celui de l'état de versement, dont la recette a dû être inscrite au registre journal. Art. 725 de l'ordonn.

Ainsi, les chiffres portés dans les colonnes 7, 8 et 9, sont des opérations effectives qui ont augmenté l'avoir en caisse ; il en est de même des sommes inscrites dans la colonne 11, quand on reçoit directement *d'autres corps*, l'avoir à la masse des hommes incorporés, et que cet avoir a été pris en recette sur le journal. Art. 724 et 733 de l'ord.

La colonne 10 qui indique aussi la masse des hommes venus d'autres compagnies du corps, doit être divisée en deux parties ; la 1re pour les masses venues des compagnies ou détachements administrés par la même portion de corps, et la 2e pour celles venues des autres portions du même corps, mais placées sous une autre administration que celle qui opère.

Les recettes ainsi inscrites dans la colonne 10 ne donnent lieu, ni à un mouvement de fonds, ni à aucune écriture sur le journal. On remarquera que l'inscription dans la 1re partie ne peut être faite, que si la portion de corps est composée de plus d'une compagnie ou détachement. Dans ce cas, s'il y a deux feuilles de décompte ou plus, un relevé doit être établi, et ce relevé devra présenter dans la 1re partie de la colonne 38 dont il sera parlé, le même résultat que celui donné par la 1re partie de la colonne 10 ; les masses passées et venues, dans une même portion, devant nécessairement se balancer.

Les inscriptions dans la 2e partie de la colonne 10, doivent être justifiées par les extraits du livre de détail, que doivent faire parvenir les conseils ou commandants de détachements aux portions de corps, sur lesquelles les hommes sont dirigés. Mod. 107 art. 728 et 735 de l'ord.

Si l'ancien avoir des hommes rentrés après radiation, à porter en recette à la colonne 12, n'est pas connu de la portion de corps, comme cet avoir a dû être versé à la masse d'entretien, Art. 724 et 744 de l'ord.

la portion centrale sera appelée à donner les indications nécessaires.

La colonne 13 relative aux remplacements, est aujourd'hui de peu d'utilité. Celle N° 14 doit être conservée pour le cas où une moins value serait allouée pour perte d'effets, etc.

Les colonnes 15 et 16, laissées en blanc sur les imprimés en usage, doivent être divisées chacune en deux parties, pour recevoir les indications suivantes :

15. 1re p. *Recette par suite de rectification ou de versement fait par une autre portion*. Dans cette colonne doivent être inscrites les modifications au crédit, qui auraient été faites et signalées par les autres portions.

15. 2e p. *Recette par versement de la masse d'entretien pour effets délivrés aux enfants qui n'ont pas reçu la 1re mise d'équipement*. Les inscriptions à faire dans cette colonne doivent toujours être exactement égales à la valeur des effets de petit équipement délivrés à ces enfants pendant le trimestre ; en ayant soin que le montant des effets délivrés pendant l'année, n'excède pas l'allocation de 18 fr., bien que dans un ou plusieurs trimestres, la valeur des effets puisse être moindre ou excéder la somme de 4 fr. 50.

16. 1re p. Cette colonne devra servir pour la recette des dépréciations, dans le cas où il y aurait encore lieu de porter au crédit la valeur des dépréciations d'armes.

16. 2e p. A laisser en blanc, pour être employée au besoin dans des cas non prévus,

Le total des recettes à porter dans la colonne 17 comprend nécessairement avec l'avoir de la colonne 6, les recettes effectives des colonnes 7, 8, 9 et 11, et les recettes d'ordre des colonnes 10, 12, 14, 15 et 16, bien que ces dernières n'aient donné lieu à aucune entrée de fonds dans la caisse.

Dépenses.

Comme pour l'avoir dans la colonne 6, celle N° 18 doit indiquer le débet au premier jour du trimestre.

Mod. 105 art. 727 et 729

L'excédant de masse payé est inscrit dans la colonne 19, et le total doit être égal à la pièce de dépense portée au journal ; les divers paiements également effectués aux congédiés, aux promus, etc., sont inscrits dans la colonne 20, et doivent être en concordance avec les dépenses indiquées au journal.

La colonne 21 doit aussi être divisée en deux parties; la première pour le débet des militaires venus d'une autre compagnie de la même portion, c'est-à-dire, de la même administration, et la seconde pour le débet des hommes venus d'une autre portion, ou pour une rectification portant diminution à la masse, qui aurait été signalée, soit par le dépôt, soit par une autre portion de corps.

Si un homme est incorporé ayant un débet à sa masse, ce débet est remboursé à l'ancien corps, et l'inscription en est faite tant au journal que dans la colonne 22. Art. 734.

De même que pour la colonne 12, le conseil central fournit, s'il y a lieu, les indications nécessaires pour faire connaître le débet qui doit être inscrit dans la colonne 23.

Le montant des effets fournis par le magasin, à porter dans la colonne 24, doit être égal à l'état ou au bordereau des effets du chapitre 5 délivrés. Art. 753.

L'inscription dans la colonne 25, des avances en route, doit concorder avec la pièce de dépense du journal, constatant le remboursement au trésor de ces avances. Art. 738.

Les imputations portées dans les colonnes 26, 27 et 28, doivent également présenter les inscriptions de paiements et de remboursements au trésor. Art. 739 à 741.

La colonne 29 doit indiquer, en outre des premières mises, l'avoir à la masse des hommes exonérés, et dont la reprise est faite par la solde. Art. 220 et B. off. 15 Mai 1856 p. 469.

Lorsque des théories sont cédées, ou remplacées au compte des hommes, l'imputation est inscrite dans la colonne 30.

Celle 31 sert pour indiquer, s'il y a lieu encore, qu'il a été remis en magasin des armes frappées de dépréciations. On sait que d'après le réglement d'armement en vigueur, il n'est plus tenu compte des dépréciations. Réglement du 1er Mars 1854 J. M. partie supplémentaire.

Les colonnes 32 et 33 sont laissées en blanc, pour recevoir des indications non prévues. Dans le cas de mouvement de compagnie d'un port à un autre et dans le même trimestre, cette dernière doit comprendre en totalité, toutes les imputations faites avant le départ de la compagnie, du port où elle comptait le 1er jour du trimestre.

Toutes les dépenses effectives et d'ordre sont totalisées dans la colonne 34, laquelle comparée à celle 17, fait connaître l'avoir ou le débet à inscrire dans les colonnes 35 et 36, pour les hommes qui comptent à l'effectif.

Situation de la masse.

L'indication de l'excédant que donne la colonne 37, *pour mémoire*, est reporté s'il y a lieu dans la colonne 19 de la feuille du trimestre suivant, si cet excédant a été réellement payé. Art. 727 de l'ordonn.

Les autres colonnes de la feuille de décompte, exigent également quelques explications qui compléteront les renseignements nécessaires, pour se rendre compte des opérations, et pour dresser avec exactitude ce document de la masse individuelle.

La colonne 38 doit être divisée en deux parties, dont la première indique l'avoir des hommes passés à une autre compagnie de la même portion. Comme on l'a dit en parlant de la première partie de la colonne 10, il doit y avoir concordance, les masses passées devant être égales à celles venues. La seconde partie de la colonne 38 indique également l'avoir des hommes passés, mais à d'autres portions du corps. La concordance entre cette partie, et celle de la seconde de la colonne 10, ne peut être reconnue que par le dépôt et par la comparaison de toutes les feuilles de décompte.

Art. 687 et 746 Mod. 21 et 114.

Cette même colonne 38 sert aussi à l'inscription de l'avoir des militaires congédiés provisoirement, ou envoyés en congé renouvelable. Pour les premiers, la portion de corps en conservant la masse jusqu'au jour de la libération définitive, en fait inscription sur le registre spécial et sur la feuille spéciale, comme si elle était passée dans une compagnie de la même portion ; et pour les hommes envoyés en congé de six mois renouvelable, dans la seconde partie de cette colonne 38, la masse devant être prise en recette par le dépôt.

Si, en réglant la feuille, on reconnaissait que l'avoir porté dans la seconde partie de la colonne 38, diffère du chiffre donné par l'extrait du livre de détail qui a été envoyé, il y aurait urgence à faire parvenir un nouveau bulletin qui indiquerait la différence, pour que la portion de corps qui aurait reçu un chiffre erroné, put faire la rectification, en portant cette différence à la seconde partie, soit de la colonne 10 soit de celle 21.

Les colonnes 39 et 40 indiquent des dépenses effectives qui doivent être justifiées par le journal.

L'avoir des hommes morts, etc., porté dans la colonne 41, est versé à la masse d'entretien, au moyen d'un virement qui est effectué par le dépôt.

Le débet des hommes passés exige encore que la colonne 42 soit divisée ; la première partie pour les masses passées à la même portion, et dont le total doit se balancer avec celui de la première partie de la colonne 21 ; la seconde partie pour le débet des hommes passés à d'autres portions. La balance, pour cette dernière partie, ne peut être faite que par le dépôt.

Art. 734 de l'ordonn.

Le débet des hommes passés à d'autres corps devant être remboursé, la portion de corps qui a effectué la mutation doit en poursuivre le recouvrement, afin que les sommes portées dans la colonne 43 ne restent pas à la charge de la masse d'entretien.

Enfin, le débet inscrit dans la colonne 44 est remboursé à la masse individuelle par la masse d'entretien.

Il résulte de ces détails que les colonnes 19, 20, 22, 25, 26, 27, 28, 39 et 40, présentent des dépenses effectives qui doivent toutes être faites, et par suite, inscrites au journal. Quant aux dépenses qui figurent dans les autres colonnes, la masse individuelle de la portion de corps, s'en trouve diminuée, mais les autres portions, ou les autres fonds du corps, reçoivent ces dépenses, soit comme remboursement, soit pour être payées à un autre titre.

Dans le but d'éviter de nombreuses recherches, qui seraient la conséquence des inscriptions de la masse sur plusieurs feuilles de décompte, l'avoir ou le débet d'un militaire du régiment d'artillerie doit, comme cela se pratique pour les hommes détachés à l'Ecole de Pyrotechnie, être compris sur la feuille de la compagnie ou section dans laquelle ce militaire est placé, soit comme faisant partie de l'effectif, soit comme placé en subsistance, et appartenant à une compagnie qui se trouve aux colonies.

L'inscription dans la seconde partie de la colonne 10 de la feuille, se fait au moyen de l'extrait du livre de détail envoyé par la portion qni comptait de la masse, et au besoin du livret individuel. Mod. n° 107.

L'avoir d'un homme du régiment d'artillerie, qui rentre en France, arrêté au jour de l'embarquement, est porté dans la 2e portion de la colonne 38, comme passé à une portion du corps; et le nom de ce militaire, continue d'être indiqué sur la feuille avec la mutation, à son rang mais pour mémoire, tant qu'une nouvelle mutation ne l'a point fait rayer de l'effectif.

Quand le débarquement a lieu dans un autre port que celui du dépôt, la portion de corps qui a reçu en subsistance un militaire rentré des colonies, cesse de le comprendre sur la feuille, du jour de son départ pour aller en congé ou pour se rendre dans une autre portion, et l'extrait du livre de détail indiquant l'avoir à la masse, accompagne les pièces de ce militaire.

Si l'homme rentré des colonies est envoyé en convalescence, le titre qui lui est délivré, doit indiquer qu'il devra rejoindre le dépôt à l'expiration du congé, et sa masse passe à la portion centrale.

La feuille de décompte sur laquelle sont inscrites des masses venues d'autres portions, doit mentionner dans la colonne *mutations*, la date de l'arrêté portée sur l'extrait du livre de détail ou sur le livret, si cette date se rapporte à un trimestre antérieur. Dans le cas où l'inscription n'aurait été faite que sur le vu du livret, avis devrait en être donné à la portion qui comptait du militaire, pour que l'envoi de l'extrait du livre de détail ou d'un duplicata, puisse être immédiatement effectué.

Lorsque, par suite de la vérification qui est faite par le dépôt, il y a lieu de rectifier les feuilles de décompte, cette rectification ne doit être faite, par les portions secondaires, que sur les feuilles du trimestre dont les comptes n'ont pas encore été envoyés au dépôt, et en mettant à l'appui, un état qui explique les rectifications se rapportant à des trimestres antérieurs.

Effets de petit équipement.

En général, les portions d'un corps sont approvisionnées par les soins du dépôt, d'effets du chapitre 5 payés sur les fonds de la masse individuelle. La valeur des effets qu'elles reçoivent ainsi, ne doit point entrer dans les écritures de la comptabilité finances. Seulement, comme le montant de la masse individuelle est représenté dans la centralisation générale, en numéraire et en effets du chapitre 5, il est nécessaire que chaque détachement fournisse avec la plus grande exactitude, tous les renseignements que contient à cet égard le modèle A.

Si la portion de corps recevait directement des fournisseurs, ou par cessions, des effets qui devraient être pris en recette au chapitre 5; comme elle aurait à en effectuer le paiement ou le remboursement, la dépense devrait être inscrite au journal.

D. M. 28 Fév. 1853. Les compagnies d'ouvriers peuvent être comprises dans les marchés passés par le régiment d'artillerie, pour la fourniture des effets de petit équipement.

Chapitre IV.

MASSE GÉNÉRALE D'ENTRETIEN.

La masse d'entretien a pour objet de pourvoir à certaines dépenses que les corps ont à faire, et dont le détail est indiqué dans l'instruction du 8 Novembre 1847, et postérieurement par des décisions qui en ont modifié ou augmenté la nomenclature. Art. 233 à 237 et 768 de l'ordonn.

Cette masse se divise en deux portions, la première qui n'est allouée qu'aux régiments est spéciale à la musique ; la seconde est allouée aux régiments et aux compagnies formant corps. Cette masse est perçue en totalité par le dépôt, qui doit mettre à la disposition des détachements, les sommes qui peuvent leur être nécessaires.

Le maximum, dans les limites duquel, chaque détachement peut pourvoir par lui-même, aux dépenses à effectuer dans la localité, au titre de la masse d'entretien, est fixé : D. M. du 6 Sept. 1850.

	EN FRANCE.	AUX COLONIES.
Par portions secondaires. Par an et par compagnie. { d'un régiment d'infanterie.	400 »	250 »
Par portions secondaires. Par an et par compagnie. { du régiment d'artillerie.	500 »	275 »
Par 25 hommes et par an, des portions de la 6e Cie d'Ouvriers.	»	100 »

Cette fixation est de moitié pour une section du régiment d'artillerie, et si le détachement est moindre d'une section, le chiffre est déterminé par le conseil central. Art. 237 de l'ordonn.

Les portions détachées doivent envoyer au dépôt, dans les premiers jours de chaque année, le relevé exact des recettes et des dépenses de la masse d'entretien pendant l'année qui précède. Modèle C.

Elles doivent également faire recette directe sur le journal, de la valeur des effets du chapitre 7 employés et remboursés par les ouvriers. Il en serait de même de toutes les recettes ou dépenses effectives au compte de la masse d'entretien.

Comme les détachements ont à faire des envois de fonds au dépôt, il devient ordinairement inutile d'envoyer à ces derniers, la portion de masse qui leur est allouée pour faire face aux dépenses. Ces dépenses sont effectuées dans la limite assignée, au moyen des fonds qui sont à la disposition du corps. Le modèle du relevé du journal portant application des recettes et dépenses, indique les opérations d'ordre à effectuer, pour que chaque portion puisse reconnaître la balance de ses comptes. Art 736 de l'ordonn. Modèle A.

Page 60 de l'instruction du 8 Nov. 1847.	La nomenclature des dépenses a subi les augmentations ou modifications suivantes :
	Paragraphes à modifier.
B. O. 2e 1848 p. 22.	7e Achat...... de caisses destinées à renfermer la comptabilité de chaque compagnie.
Idem.	9e Reliure... du bulletin des lois, circulaires imprimées, bulletins officiels, annales de la marine, ordonnances et réglements.
Idem.	15e Achat...... de l'encre d'imprimerie.
D. M. du 3 Nov. 1852	19e (Les dépenses pour réparations du matériel des écoles de tir, doivent être supportées par les directions d'artillerie).
B. O. 1er 1848 p. 251.	20e Tampons de cheminées — nul — (pièces d'armes, dépenses accessoires à l'armement).
	Paragraphes à ajouter.
J. M. 28 Mai 53 p. 416.	23e Rations de vin aux convalescents (dép. manuscrite de la guerre du 14 Décembre 1842).
B. O. 2e 48 p. 148 et 23 Nov. 54 p. 712.	24e Frais de timbre des trésoriers coloniaux.
B. O. 1er 49 p. 256	25e Frais d'affiches et d'annonces, des adjudications pour effets de petit équipement.
B. O. 1er 1849 p. 263.	26e Instruments nécessaires au plombage des colis.
B. O. 1er 1849 p. 256.	27e Impressions pour marchés de petit équipement.
B. O. 1er 1849 p. 268.	28e Frais de bureau, élections politiques.
B. O. 2e 1849 p. 764.	29e Achats de menus objets pour la conservation des effets.
B. O. 2e 1849 p. 855.	30e Scies et haches de cuisine.
J. M. 9 Juil. 53 p. 21.	31e Achat de registres et menus frais de bureau pour les officiers de santé.
B. O. 15 Nov. 53 p. 830.	32e Petit équipement des enfants de troupe au-dessous de l'âge de 14 ans.
D. M. 13 Fév. 1855.	33e Achats de livrets de tir pour la carabine à tige.
D. M. 2 Juin 1855.	34e Achats et ferrage des chevaux dont les adjudants majors et aides majors sont pourvus en temps de guerre.
D. M. 21 Juin 1855.	35e Achat et entretien de torchons pour les gamelles individuelles.
B. O. 1856 p 384.	36e Achat de rubans pour les Médailles commémoratives.
Cir. marine 2 Mars 1857	37e Papier et fil à voile de cartouche à poudre (art. 128 du réglement).
D. M. du 19 Mars 1857.	38e Balances à bras égaux pour contrôler le poids des denrées des ordinaires.
B. O. 28 Mai 1859 p. 319	39e Composition pour l'entretien du drap, etc., écarlate.
B. O. 8 Mai 1850 p. 314	40e Boutons d'uniforme pour les confections.
D. M. 1er Sept. 1847.	41e Gilets de flanelle à délivrer aux militaires atteints d'affections graves de la poitrine, (sur certificat du chirurgien major).

Chapitre V.

RECETTES ET DÉPENSES DIVERSES, AVANCES REMBOURSABLES.

On comprend sous ce titre, dans la comptabilité, les recettes et dépenses qui n'ont point pour origine les allocations justifiées par les revues de liquidation et qui, bien que les mandats puissent être ordonnancés par l'administration, sont applicables à d'autres articles ou chapitres du budget, que ceux de la solde. Les dépenses au compte de la dotation sont également des avances, qui sont remboursées par la caisse des dépôts et consignations.

Les corps ont généralement à faire des avances, pour les frais de confection d'habillement ; pour l'entretien et la réparation des armes ; pour l'entretien des écoles régimentaires; pour les emballages et pour la dotation. Les recettes et les dépenses doivent généralement se balancer dans le résultat des opérations trimestrielles.

Consulter la circul. de la marine n° 209 du 9 Nov. 1847 portant envoi de l'instruction du 8 dudit, et la dép. du 3 Nov. 1858 pour les états à dresser trimestriellement.

Comme pour les effets du chapitre 7, il doit être fait recette au fonds spécial de l'entretien des armes, de la valeur des pièces d'armes employées aux réparations. L'excédant de dépense que présente ordinairement ce fonds, doit être égal à la valeur des pièces d'armes, qui existent en magasin à la fin du trimestre.

Le remboursement des avances au compte de la dotation, a lieu sur bordereau récapitulatif auquel sont annexés, pour la prime, les feuilles individuelles; et pour la haute paie, la feuille numérique et l'état nominatif des mutations.

Art. 29 du réglement du 9 Janv 1856 mod. C. D. E. de l'Instruction du 26 dudit et A du 30 Déc. 1856.

Les dépenses pour imprimés et fournitures nécessaires au service de la dotatiou sont remboursées au dépôt. Un abonnement étant alloué à chaque corps, une délibèration du conseil central fait connaître la quotité, que les détachements doivent porter en dépense pour cet objet.

D. M. du 31 Déc. 1857.

Fonds de la Légion d'honneur.

C'est au dépôt que sont adressées les ordonnances de paiement, pour le traitement de la Légion d'honneur et de la Médaille militaire de tous les titulaires d'un même Corps. Des extraits de l'état de paiement sont envoyés aux divers détachements, et ces derniers payent les ayants-droit, soit au moyen d'un envoi de fonds qui leur est fait, si cela est nécessaire, soit avec les sommes qui sont à leur disposition, et qui auraient dû être adressées ultérieurement au conseil central.

Circ. de la Lég. d'honneur du 15 Sept. 1854.

Fonds divers.

On désigne et on inscrit sous ce titre des sommes dont l'emploi doit recevoir une destination ultérieure. Ainsi par exemple, le montant d'une succession est porté en recette aux fonds divers, en attendant que le dépôt puisse être effectué à la caisse des gens de mer.

Versements de fonds d'une portion de corps à une autre.

Modèle A.

Les envois de fonds faits à la portion centrale, et vice-versa, doivent être portés en dépense au journal, et être inscrits au titre de *versements* etc., dans l'application des dépenses que doit présenter le relevé de ce journal.

Le même titre doit être donné aux opérations effectives qui, n'ayant pu être faites par une portion de corps, le sont par une autre, d'après l'avis qui lui en est donné.

Ainsi par exemple, un officier quitte un détachement, sans avoir reçu le montant intégral de la somme qui lui est acquise; la dépense n'en doit pas moins être faite à la solde afin d'obtenir la balance nécessaire, mais il est fait recette, sous le titre *versement*, de la différence payée en moins, laquelle est acquittée et portée en dépense au même titre, par la portion de corps qui compte de cet officier, sur la production d'un état justifiant le moins payé.

Ce mode doit permettre l'acquittement des dépenses, ou le remboursement d'un trop payé, sans qu'il soit nécessaire d'expédier un mandat, souvent pour une valeur très-minime, et on évite ainsi des opérations effectives dans les écritures des portions d'un même corps. L'état ou les pièces nécessaires sont dressés en double expédition dont une avec récépissé.

Art. 732 et 736 de l'ord. Mod. 109.
B. O. 10 Nov. 1849 p. 713.

Les versements ou envois de fonds s'effectuent, par les détachements à l'extérieur, au moyen de traites sur le trésor public; et par les portions en France, au moyen de mandats sur les receveurs généraux. La formule : *Payez à l'ordre* etc., ne doit point être omise.

CHAPITRE VI.

PRESTATIONS EN NATURE.

Les règles relatives aux prestations en nature, subsistances et chauffage, sont déterminées par l'ordonnance de 1847 et par l'instruction du 8 novembre même année.

Art. 241 à 275.
Titre II de l'instruc.

Les droits aux allocations de vivres sont justifiés par les feuilles de journées, et ceux pour chauffage, par les feuilles spéciales.

Un extrait du décompte de libération des fournitures en nature, est produit dans les revues générales de liquidation.

J. M. 7 Av. 1859 p. 152.

Le moins perçu en nature ne donne droit à aucun rappel.

Art. 275 de l'ordonn.

Le montant du trop perçu doit être remboursé au trésor.

Art. 523 et 524.

Une circulaire ministérielle insérée au bulletin de la Guadeloupe, 1845, prescrivait la reprise, au profit du trésor, du montant des vivres perçus par un sous-officier promu aux colonies, comme conséquence du rappel de solde qui lui est fait depuis la date de sa promotion. Cette prescription n'a pas été maintenue par l'ordonnance du 22 juin 1847 ; la retenue des prestations en deniers étant seule indiquée. Néanmoins, si le remboursement des vivres devait être effectué, le montant ne pourrait être compris sur l'état des sommes à imputer à la revue de liquidation, pour retenue des prestations en deniers.

D. M. 13 Août 1845.
Art. 34 et 492.
Mod. n° 43 bis.

Des réglements spéciaux indiquent la nature et la quotité des rations, qui peuvent être délivrées dans certains cas aux officiers et à la troupe.

B. O. 14 Oct. 1848 p. 314.
Tarif n° 30.

Les distributions se font aux dates voulues suivant les localités et la nature des denrées, sur des bons ou des demandes dressées d'après les règles suivies au département de la marine.

Dans le cas où les distributions sont remplacées par une indemnité représentative, les feuilles de journées n'en doivent pas moins mentionner les quantités de rations allouées.

Art. 246, 258 et 375 et circul. d'envoi de l'ordonn.

Sur le pied de paix, la troupe a seule droit au pain.

Des indemnités individuelles en argent, peuvent remplacer des distributions de vivres ou de liquides.

Art 183 à 185 de l'ord.

Un tarif de la guerre indique les indemnités à allouer aux troupes en remplacement des rations d'eau-de-vie.

J.M. 18 Mars 1859 p. 61.

L'indemnité représentative de fourrages que les tarifs attribuent aux officiers qui doivent être montés, peut être remplacée par des distributions en nature. Un tarif indique la composition de la ration.

B. O. 7 Fév. 56 p. 195.
J, M. 1er 1837 p. 373, instruct. 2e 1840 p. 17, 7 Août 1846 p. 173, 2e 1848 p. 94. 7 Mars 1859 p. 64,

J. M. 12 Fév. 1859 p. 43 — Il n'y a aucun inconvénient à mettre en consommation le foin nouveau et l'avoine nouvelle.

J. M. 28 Mai 1859 p. 281 et 25 Janv. 1860 p. 102. — Le transport sur les voies ferrées des chevaux d'officiers est à la charge de l'Etat, en temps de guerre.

J. M. 27 Jan. 1860 p, 32 — Des modifications ont été apportées aux règles relatives à la remonte à titre gratuit ou à titre onéreux des officiers. Le réglement du 3 juillet 1855 à consulter, a été modifié le 23 février 1856. (J. M. 2e 1855 p. 33 et 1er 1856 p. 132.)

Dép. M. du 8 Févr. 1849. appl. de disp. suivies à la guerre. — Les officiers d'infanterie, d'artillerie et de gendarmerie de la marine, auxquels les réglements allouent l'indemnité représentative de fourrages, ne cessent point d'avoir droit à cette indemnité, dans le cas même où ils ne sont point pourvus de chevaux.

Les rations de chauffage se distinguent en rations de l'ordinaire ponr la cuisson des aliments, et en rations pour le chauffage des chambres pendant la saison d'hiver ; les unes et les autres varient, soit en raison du système employé pour le service des cuisines, soit eu égard à l'époque de la saison et au nombre de chambres à chauffer. Les rations sont aussi dites collectives ou individuelles et leur quotité est établie et fixée par l'instruction.

Art. 266 de l'ordonn. — Dans les cas de changement de système des marmites servant à la cuisson des aliments, ou de mutations qui font augmenter ou diminuer le nombre de fourneaux, des procès-verbaux constatent les nouvelles allocations.

J. M. 2e 1840 p. 17 et 1er 1843 p. 53. — Les perceptions d'un corps comprennent les rations pour le chauffage de l'infirmerie, de la salle des convalescents et des écoles.

J. M. 20 Août 38 p. 133; 30 Juin 40, 2e p. 279; et 31 Déc. 55 p.205 livraison supplément. — L'éclairage des escaliers et corridors de la caserne, des écoles, etc., est supporté par la masse d'entretien. Aucune allocation particulière n'est faite au corps pour cet objet.

J. M. 1er 1860 p. 25. — Un décret du 21 janvier 1860 relatif aux équipages de campagne, fixe le nombre de voitures et de cantines d'effets et de cuisines dont doivent être pourvus les corps de troupe sur le pied de guerre.

Chapitre VII.

COMPTABILITÉ MATIÈRES; HABILLEMENT; ARMEMENT; CASERNEMENT; ÉCOLES.

Consulter les Instructions du 1er Oct. 1854 et 21 Oct. 1859 (Marine,)

Service de l'habillement.

La comptabilité *finances* est distincte dans les corps, de celle dite *matières ou de l'habillement*.

Les dispositions spéciales au service de l'habillement, sont également déterminées par l'ordonnance du 22 juin 1847, par les instructions de détail du 8 novembre même année, auxquelles il convient de se reporter, et par quelques décisions postérieures. Art. 769 à 795. Instruction du 8 Nov. 1847 titre V.

D'après les états des besoins dressés tous les semestres, le corps reçoit du magasin général du port, les étoffes et les matières qui lui sont nécessaires pour les confections de l'habillement, ainsi que les effets de coiffure et de grand équipement qui font partie du chapitre 2. Titre 1er de l'instruction.

Des tarifs indiquent la durée des effets, les quantités de matières et les prix de coupe et de confection d'habillement. Le corps est remboursé des avances faites pour les confections.

D'autres tarifs arrêtés par le conseil central, et s'il y a lieu, par les portions de corps, font connaître le prix et le détail des réparations des effets, et servent à constater les imputations faites, soit à la masse des hommes, soit à celle d'entretien.

Les délivrances d'effets ont lieu sur des bons qui sont enregistrés sur le livre de détail, ainsi que sur le feuillet matriculaire et sur le livret individuel. Ces bons servent à la justification de la dépense et à l'inscription sur les matricules ou contrôles des effets. Mod. 87 à 90.

Des bons de remises en magasin, de réparations par les maîtres ouvriers, sont également dressés et enregistrés, dans les cas de mutations, de remplacements, etc., prévus par les instructions. Mod. 91 à 94.

La portion centrale d'un corps est généralement chargée d'approvisionner les détachements, en effets et en objets de toute nature, dont la nomenclature comporte 10 chapitres distincts, qui exigent chacun, des pièces pour justifier les recettes, les transformations et les consommations. Mod. 74 et 74 bis, art 689.

Les envois d'effets d'une portion de corps à une autre, donnent lieu à des dépenses d'emballage dont la régularisation est indiquée au chapitre V de l'Instruction ; en observant toutefois que les frais de transport sont acquittés par les soins des approvisionnements de la marine, et que l'achat des matières et objets nécessaires aux emballages est fait par le corps, sauf remboursement de ses avances.

Néanmoins, les détachements doivent se pourvoir directement des objets qui ne peuvent leur être envoyés par le dépôt, ou qu'il serait plus facile et plus économique de se procurer sur les lieux; tels sont par exemple :

Les armes, les caisses d'armes, la toile pour les envelopper, et les objets de tir dont la délivrance est effectuée par les directions d'artillerie; certains effets de petit équipement commandés par le conseil central pour être adressés directement par les fournisseurs aux portions stationnées en France; les objets de coiffure qui peuvent être demandés par les détachements, au titulaire du marché des schakos et aux prix de la marine; les pièces d'armes et les tampons en nerf de bœuf, à demander aux manufactures d'armes; les objets accessoires du chapitre 10 pour l'éclairage, le service des cuisines, le plombage des colis à expédier, etc.

Le registre des recettes et des consommations doit présenter dans toutes les portions d'un même corps, la plus grande uniformité. Le dépôt fait connaître aux détachements par des instructions spéciales, l'ordre rigoureux des colonnes dans chacun des chapitres dont se compose le registre, et les justifications qui doivent accompagner l'inscription des recettes et des consommations.

Les décisions suivantes qui se rapportent au service de l'habillement doivent être consultées.

Dép M. des 4 et 11 Oct. 1846. B. O. 12 Avr. 1853 p. 301. D. M. 26 Juil. 1855, 18 Févr. 1851.

Réglement du 20 août 1846 sur l'uniforme de l'artillerie de terre applicable à l'artillerie de la marine, sauf quelques modifications successivement apportées.

D. M. 31 Déc. 1847, J. M. 27 Mai 1856 p. 143.

Devis des quantités d'étoffes et des prix de confection des effets en usage dans l'artillerie.

B. O. 6 Janv. 1847 1° n° 4.

Modifications apportées à l'uniforme de la gendarmerie maritime.

D. M. 17 Sept. 1851.

Les mesures d'effets d'habillement des artilleurs détachés aux colonies, doivent être établies par les maîtres ouvriers des régiments d'infanterie.

B. O. 13 et 16 Juil. 1852 p. 51 et 52; 30 Sept. 1852 p. 327; 4 Sept. 1853 p. 592.

Modèles du hausse-col, ornementation de la casquette et harnachement des chevaux des officiers supérieurs de l'infanterie.

B. O. 10 Sept. 1852. p. 279; D. M. 9 Fév. 1853.

Modification aux épaulettes en usage dans les corps de troupe de la marine.

J. M. 1er 1853 p. 219; D. M. 6 Févr. 1855.

Dispositions relatives au remplacement par anticipation des effets perdus ou détériorés.

B. O. 18 Juil. 1855 p. 449

Le paquetage des havre-sacs doit être conforme aux dispositions prises par le département de la guerre.

Adoption de la visière horizontale pour les casquettes de la troupe.	D. M. 4 Août 1855
La giberne d'artillerie doit être pourvue d'une martingale; deux courroies en buffle sont placées sur les flancs du sac. Modification de la giberne dans la marine.	D. M. 11 Juin 1856 B. O. 3 Avril 1857 p. 225
Les marques distinctives du grade sont portées sur la tunique de petite tenue des officiers d'infanterie.	B. O, 8 Juil 1856 p. 593.
Les gilets de flanelle sont délivrés sans manches aux hommes détachés aux colonies. Modification à l'habillement et à l'équipement de l'infanterie de marine.	B. O. 21 Fé. 1857 p. 193
La capote d'artillerie est conforme à celle en usage à la guerre ; elle est réintégrée dans tous les cas de mutations.	B. O. 13 Oct. 1854 p.630 et 24 Mars 1857 p. 199.
Allocation de 0m, 10c par homme et par trimestre du ruban pour la médaille anglaise. (Cette disposition doit s'appliquer aux médailles d'Italie et de Sardaigne).	B. O. 28 Av. 1857 p. 384
Nouveau devis du grand équipement.	Marine 29 Juil, 1857
Les effets hors de service peuvent être versés à titre gratuit au service des prisons, pour être employés à l'habillement des condamnés.	D. M. 10 Oct. 1857
Note indiquant les précautions à prendre pour la conservation des matières et effets de laine.	D. M. 13 Avril 1858.
Les militaires embarqués comme sergents et caporaux d'armes, peuvent être remboursés de la valeur des effets que leur absence du corps n'a point permis de leur délivrer aux époques voulues.	B. O. 2e 1848 p. 535.

Armement.

Le service de l'armement est déterminé par le réglement du 1er mars 1854 de la guerre, et par celui du 2 mars 1857 de la marine. Ce dernier fait connaître que les réglements et décisions à venir du ministre de la guerre, ne sont applicables dans la marine qu'après autorisation du ministre. Il est donc nécessaire d'annoter les modifications ainsi autorisées.	J. M. 1854 partie sup. Marine, art. 178 (non inséré au B, O).
L'instruction du 8 novembre 1847 indique aussi les règles qui doivent être suivies pour tout ce qui se rapporte à l'entretien et à l'abonnement des armes, dont les dépenses sont remboursées au corps.	Titre IV et modèles.
Les pièces d'armes pour les réparations sont demandées aux manufactures, et payées par les corps qui se couvrent de leurs avances, par les cessions faites à l'armurier.	J. M, 2e 1848 p. 251 et 252; B. O, 18 Oct. 1850 p. 217; 13 Janv. 1852 p. 22.
Les frais d'emballage et de transport des pièces d'armes sont à la charge de l'Etat.	Art. 148 du Régl. du 1er Mars 1854.
Les munitions sont délivrées par les directions d'artillerie.	État modèl 28 du même régl. et tabl. E. bis du 2 Mars 1857.
Les armes qui sont destinées à être transportées par mer, doivent être renfermées dans des caisses recouvertes d'une toile enduite de goudron.	Art, 166 du régl. du 2 Mars 1857 et B. O. 29 Juin 1857 p. 541.

Les caisses, la toile et les objets de tir en usage dans les corps sont comme les armes, délivrés par les directions d'artillerie.

Lorsque une portion de corps embarque, il est passé une visite des armes par le capitaine inspecteur d'armes, assisté du contrôleur. Il en est de même à l'arrivée à destination. Le montant des réparations qui n'ont pu être effectuées au départ, constaté sur état nominatif, est remboursé, soit à l'armurier qui reçoit les armes, soit au trésor, si les armes sont réparées par une direction d'artillerie. Au débarquement la visite est constatée par un procès-verbal. (Mod. n° 10 du 2 Mars, 1857.)

(D. M. du 6 Nov. 1854.) Le chef de corps ou de détachement doit donner au directeur d'artillerie l'avis nécessaire pour que celui-ci fasse procéder à la visite des armes. (Art. 169 du 2 Mars 1854.) Si cette visite ne pouvait être faite, le commandant du détachement devrait constater, en présence des officiers de chaque compagnie, l'état des armes à l'encaissement et au déballage, et procéder à leur visite. Il en préviendrait le Préfet ou le Gouverneur, à son arrivée à destination. (Art. 176 Idem.)

Dans les changements de garnison par la voie de terre, les visites au départ et à l'arrivée se font par l'officier d'armement assisté de l'armurier, et les mêmes dispositions sont prises à l'égard des réparations qui n'ont pu être exécutées. (Art. 119 du 2 Mars 1854.)

(Tableau B. bis.) Les bases de l'armement des divers corps de la marine sont déterminées par le réglement du 2 mars 1857.

(B. O. 3 Juil. 1855 p. 416.) A l'intérieur et aux colonies, le sabre-baïonnette est porté par les sous-officiers d'artillerie toutes les fois qu'ils prennent la carabine. Dans les autres circonstances, ils ont le sabre de canonnier monté. En campagne ou en expédition, ils n'emportent que le sabre-baïonnette ; et le sabre de canonnier monté, le ceinturon et la dragonne sont réintégrés.

(B. O. 2 Déc. 1856 p. 1227) Les officiers d'artillerie ont pour armement, le sabre d'officier de cavalerie, mod. 1822 et le pistolet d'Etat-major, mod. 1855.

(B. O. 12 Av. 1855 p. 198.) Les réparations d'armes inscrites sur les livrets des hommes doivent être la copie exacte de celles portées au registre des réparations.

(B. O. 10 Sept, 1855 p. 700.) Les corps ou portions de corps qui reçoivent des magasins de l'Etat des armes ayant servi et marquées sur la plaque de couche, doivent effacer cette marque.

(D. M. 15 Févr. 1856.) Le quillon du sabre-baïonnette a été modifié.

(B. O. 5 Mai 1858 p. 418.) La monture qui ne s'ajuste pas suffisamment sur le canon peut être réparée.

Casernement.

(B. O. 2e 1854 p. 793.) Les corps ne comptent que des effets de casernement en service. Toutes les dispositions relatives au casernement et aux lits militaires, font l'objet des réglements du 21 novembre 1854.

La nomenclature générale du casernement est du 25 septembre 1857.

Comme pour les matières et objets de l'habillement et de l'armement, qui sont délivrés aux corps par les magasins de la marine, les objets de literie, l'entretien des locaux, etc., exigent des écritures qui ressortent de la comptabilité du matériel.

Inst. du 1er Oct. 1854 et modif. du 12 Oct. 1859.

Ecoles régimentaires.

Le mobilier des écoles est fourni par le service du casernement. Les dépenses pour achats de livres et menues fournitures, pour les indemnités et gratifications aux moniteurs, sont remboursées au corps, comme le sont les dépenses pour confections d'habillement, pour frais d'emballage et pour l'abonnement des armes. L'instruction du 8 novembre 1847 indique qu'elles doivent être les justifications. Pour l'artillerie, le maximum des dépenses annuelles à consacrer aux écoles régimentaires, est fixé par la circulaire n° 209 du 9 novembre 1847.

Voir au J. M.,
28 Déc. 1835 p. 391 ;
27 Juin 1836 p. 248 ;
31 Déc. 1843 p. 490 ;
7 Nov. 1847 p. 383 ;
17 Sept. 1853 p. 179 ;
11 Sept. 1854 p. 347 ;
8 Jan. 1855 p. 8 ;
8 Mai 1855 p. 451.
B.O. 2e 1854 p. 835.
Titre 3 Chap. 2.

Les frais d'éclairage sont supportés par la masse d'entretien du corps ; le chauffage est perçu d'après les allocations de la feuille spéciale.

CHAPITRE VIII.

MODIFICATIONS FAITES A L'ORDONNANCE DU 22 JUIN 1847.

Texte : explications ou modifications.

Circ. d'envoi du 1er Juill. 47 et B. Off. 13 Mars 55 p. 154.

§ 8 et 9. Les sous-officiers et soldats qui reviennent d'outre-mer en convalescence, ou dont le congé n'a été concédé qu'à leur débarquement en France, ont droit pour l'aller et le retour, à l'indemnité simple de route.

B. O. 9 Oct. 49 p. 256.

ARTICLE 30. — La demi-solde sur le pied d'Europe est accordée aux officiers attendant en congé aux colonies, la fixation de leur pension.

33. — L'officier promu étant à l'hôpital, pour cause de blessures reçues devant l'ennemi ou dans un service commandé, a droit à la solde affectée à son nouveau grade, à dater du jour où il a reçu avis de sa nomination.

Dép. M. du 20 Août 1852 et J. M. 13 Déc. 1843 p. 446.

55. — L'accroissement qui fait partie de la solde des trompettes et clairons, est réduit a 0,05c, quand ces militaires sont détenus disciplinairement dans une prison externe.

B. O. 5 Mars 52 p. 233.

69. — Les militaires qui débarquent en France des bâtiments du commerce, avec des congés de convalescence délivrés dans les colonies, doivent être contre-visités.

B. O. 25 Mai 52 p. 589.

Les demandes de congés de convalescence pour maladies contractées en France, devront être accompagnées de l'avis motivé du Préfet maritime, sur la question de savoir s'il y a lieu d'accorder la solde entière.

D. M. du 23 Janv. 50.

La solde de congé ne peut être accordée que pour une période de six mois au plus.

B. O. 30 Nov. 52 p. 498.

Limites assignées aux congés de convalescence et aux congés pour affaires personnelles.

B. O. 24 Nov. 49 p. 752.

Les officiers qui, étant de passage à Paris, obtiennent un délai pour rejoindre leur poste, doivent être considérés comme en congé à demi-solde, pour la période du temps supplémentaire.

B. O. 10 Juin 53 p. 545.

77. — Concessions de la solde de présence dans les cas de congés de convalescence, et de congés pour aller faire usage des eaux thermales.

B. O 9 Oct. 50 p. 222.

85. — Les officiers en congé peuvent recevoir leur solde dans le lieu de leur résidence.

B. O. 24 Mars 49 p. 175.

102 et 103. — Voir article 77. Les officiers, etc., hospitalisés

dans un établissement d'eaux thermales, doivent subir la retenue déterminée par les réglements sur la solde.

121. — Les délégations exceptionnelles consenties par les officiers et employés militaires, ne peuvent excéder la moitié de la solde coloniale, dégagée de tous accessoires.

B. O. 23 Fév. 48 p. 121.

Limite des délégations.

B. O. 5 Mai 48 p. 243.

129. — Un supplément de solde de 0,03c par homme et par jour, pour être versé intégralement aux ordinaires, est alloué dans toutes les positions de présence, c'est-à-dire, en station, en marche, en corps ou en détachement, et toutes les fois que la troupe reçoit son pain des magasins de l'Etat. Il se cumule avec le supplément de solde alloué dans Paris, Tous les enfants de troupe participent à ce supplément, quel que soit leur âge, et même ceux qui vivent chez leurs parents.

Décision impériale appliquée à la marine par dép. du 27 Mars 1857, à partir du 1er dudit, et décision du ministère de la guerre.

135. — D'après le texte de cet article, le supplément étant alloué pendant la durée du service aux colonies, ne cesse point pour le temps d'embarquement, à l'effet de se rendre d'une colonie à une autre, ou d'un point à un autre des possessions d'outre-mer.

Dép. M. 21 Sept. 1838 adressée à la Martinique.

Le supplément spécial de 150 fr., alloué aux officiers titulaires des grades de capitaine, lieutenant ou sous-lieutenant, n'est pas augmenté aux colonies.

Décision du 8 Juill. 57 B. Offi.

137. — La haute paie n'est due aux remplaçants retenus sous les drapeaux, qu'à partir de l'époque à laquelle leurs services leur ouvrent des droits.

Circ. d'envoi du 1er Juill. 47 p. VI et J. M. 1er 56 p. 6.

150. — Même observation que pour l'article 135.

155. — L'indemnité ne cesse point d'être allouée, dans le cas même où les officiers n'auraient pas de chevaux.

D. M. du 8 Fév. 1849.

165. — Les officiers de troupe détachés dans les établissements, conservent l'indemnité de logement en cas d'absence.

D. M. du 13 Nov. 1847.

186. — L'indemnité de 0,50c n'est plus allouée individuellement, celle de 0,40c aux sergents et fourriers embarqués, continue d'être payée directement, et est seule portée sur les feuilles de journées.

B. O. 3 Juin 1859 p. 320.

192. — L'indemnité de lit de bord ne doit être payée que sur l'avis du commissaire aux revues.

B. O. 12 Nov. 49 p. 724.

Elle n'est pas due pour traversée de port à port.

B. O. 10 Fév. 53 p. 114.

204. — La disposition qui peut faire rembourser la gratification d'entrée en campagne, est applicable à l'indemnité de lit de bord.

B. O. 1er Août 48 p. 214.

208. — Toute prévention d'absence illégale, entraîne privation de la solde pendant la durée de l'absence.

B. O. 3. Sept. 50 p. 288.

210. — Des sursis d'arrivée peuvent être accordés dans certains cas aux officiers.

J. M. 28 Juin 53 p. 80, et 8 Sept. 1855 p. 80.

213. — La facilité des communications, doit permettre de statuer avec connaissance de cause, sur la possibilité qu'aurait pu avoir le militaire pour rejoindre son corps isolément, sans tenir compte du nombre d'étapes qu'il avait à faire.

B. O. 11 Mars et 6 Mai 1850 p. 208, 310 et 319. Dép. M. du 15 Mai 1850.

226. — Les journées passées dans une position d'absence légale quelconque, ne pourront plus donner lieu à un rappel de plus de trois mois, du montant de la prime journalière d'entretien de la masse individuelle.

B. O. 12 Juil. 1849. p. 175.

282. — Au sujet des avances de solde aux officiers qui se rendent aux colonies, pour y remplir des fonctions spéciales.

B. O. 4 Sept. 48 p. 157.

323. — Cet article est également applicable aux mandats pour le paiement de la solde des officiers et employés militaires, ainsi que des officiers en non-activité.

B. O. 15 Déc. 49 p. 841.

325. — Les dispositions de cet article ne sont point applicables aux rappels de solde, concernant les exercices périmés. Voir au sujet des paiements sur exercice courant, des dépenses d'exercices clos relatifs à la solde, en ce qui touche le service colonial.

J. M. 1er Fév. 1859 p. 30.

352. — La 3e expédition ou ampliation de l'état de paiement, doit être faite sur papier bleu.

J. M. 8 Janv. 1842 p. 8.

Lorsque les 1er et 16 du mois sont des jours fériés, les fonctionnaires de l'intendance militaire peuvent requérir le paiement de la solde, lorsqu'il n'existera pas dans les caisses des corps, des ressources suffisantes pour assurer le service.

B. O. 16 Oct. 48 p. 329.

388. — Les dispositions de cet article sont modifiées, en ce qui a rapport aux paiements que les fonctionnaires de l'intendance militaire, sont appelés à faire aux détachements des corps de troupe de la marine en marche.

B. O. 24 Oct. 48 p. 366

Voir les dispositions à suivre pour le paiement de la solde aux troupes, etc., mises à la disposition de la marine, par le département de la guerre.

B. O. 12 Mars 49 p. 421.

421. — Recommandations générales sur cet article.

8 Avr. 33 et 24 Avr. 34 p. 229 et 145. D. M. 15 Fév. 50.

427. — Pour l'application de cet article aux militaires condamnés, consulter le journal militaire.

B. O. 23 Août 48 p. 127.

491. — Au sujet des lenteurs apportées dans l'acquittement des délégations,

B. O. 14 Fév. 48 p. 95

497. — Modifications au mode de paiement des délégations.

B. O. 24 Janv. 48 p. 55.

498. — Formes à suivre pour le paiement de la solde, etc., des militaires isolés, ainsi que des détachements des corps de la marine.

B. O. 10 Fév. 49 p. 69.

514. — Explications sur cet article.

B. O. 19 Déc. 49 p. 847.

520. — Rappel aux dispositions, au sujet du retard des colonies.

B. O. 20 Nov. 48 p. 477 et 19 Déc. 49 p. 847.

521. — Les décomptes provisoires de libération sont adressés aux commissaires aux revues qu'ils concernent, par l'intermédiaire de l'administration centrale.

Cir. de la marine n° 236 du 22 Déc. 47.

570. — 4° Modifications à la composition d'un conseil secondaire.

B. O. 18 Mars 48 p. 157.

593. — Les commissaires aux revues doivent être informés de la réunion des conseils.

689. — Instructions relatives à la formation des inventaires des effets à la disposition des corps. B. O. 15 Sept. 48 p. 288.

736. — Introduire dans les traités relatifs aux achats d'effets de petit équipement, un article spécial stipulant, que les fournitures ne seront acquittées, que lorsque la caisse du corps le permettra. B.O. 14 Fév. 1848 p. 100

Rappel pour les envois de fonds. B. O. 10 Nov. 49 p. 713.

741. — Le pantalon de toile blanche délivré dans les colonies peut être considéré comme un effet de petit équipement. B. O. 11 Janv. 48 p. 24.

770. — Régularisation des cessions entre l'habillement et le petit équipement. B. O. 8 Juin 48 p. 285.

Les pantalons de toile destinés aux enfants de troupe aux colonies, doivent être confectionnés, avec des effets hors de service, ou au compte de la masse d'entretien. D. M. du 30 Sept. 55,

795. — Effets d'habillement que les militaires, en certains cas de mutations, doivent réintégrer en magasin. B. O. 7 Mai 49 p. 275 et 24 Mars 57 p. 199,

796. — Recommandations générales au sujet des dispositions contenues dans cet article. Invitation à s'y conformer. B. O 12 Mars 49 p. 141.

Modifications aux tarifs de l'ordonnance du 22 juin 1847.

TARIFS DE LA SOLDE. — Supplément de 150 fr. par an, aux capitaines, lieutenants et sous-lieutenants. B. O. 8 Juil. 57 p. 591.

Supplément de 0,03c par homme et par jour, pour l'ordinaire. D. M. du 25 Mars 57.

(Ne doit pas se cumuler quand, dans certaines localités un supplément supérieur est accordé, ni être alloué quand un militaire voyage isolément.) Décision manuscrite de la guerre du 16 Juin 1857

Augmentation de 0,10c par jour à la solde des sous-officiers de toutes armes. B. O. 19 Fév. 53 p. 149.

Les fourriers qui ne sont point pourvus du grade de sous-officier, continuent à jouir de la solde déterminée pour ces emplois par les tarifs en vigueur.

Enfant de troupe avant l'âge de 14 ans, solde de présence, embarqués, ou voyageant isolément avec frais de route. B. O. 6 Janv. 49 p. 8 et 30 Nov. 1858 p. 971.

L'augmentation de solde, attribuée aux officiers comptables des portions secondaires, ne leur est allouée que pour le temps de la durée effective de la présence à leur poste. (Tarifs Nos 5 et 6.) B. O. 31 Août 53 p. 582

Elle est due à un officier de compagnie, remplissant les fonctions d'officier payeur et d'habillement d'une portion, ayant un conseil secondaire ou éventuel. D. M. du 24 Mars 57.

Solde des clairons et trompettes, et pour le cas de détention. J.M. 13 Déc. 43 p. 446 1er Juin 40 p. 210 et Dép. M. du 20 Août 52.
Les militaires qui subissent une peine de discipline dans une prison externe, n'ont droit à aucune espèce de solde en route Art. 55 de l'ordonn.

et durant leur détention, sauf pour le retour, s'il a lieu librement avec indemnité de route.

La prime journalière n'éprouve aucune interruption dans l'allocation.

Dans cette même position, les tambours et clairons reçoivent 0,05c par jour, c'est-à-dire, la partie d'accroissement de solde qui se rattache à la masse, attendu que l'accroissement de 0,10c par jour qui fait partie de la solde de ces militaires, doit se diviser en deux parties; 0,05c à payer comme prêt, et 0,05c à verser à la masse pour l'entretien des instruments.

B. O. 26 Janv. 1855 p. 34 et 8 Juil. 1856 p. 593.

Dans l'infanterie de marine, le sergent clairon a la même solde que le sergent chef de fanfare, et le caporal clairon a la solde du caporal tambour.

Prescription réglementaire rappelée par la dép. du 30 Nov. 1858 B. O. p. 971.

Bien que recevant les vivres de campagne, les militaires aux colonies ont droit à la solde de présence en station.

Il semblerait résulter de cette prescription, et de la dépêche du 21 septembre 1838 citée à l'article 135, que la solde à allouer aux troupes embarquées pour se rendre d'une colonie à une autre, ou d'un point à un autre de la même colonie, devrait continuer à être celle de présence en station, puisque à terre ou à bord, les vivres sont également délivrés, et que dans cette même position d'embarquement, la haute paie d'ancienneté continue à être doublée.

Art. 150 tarif n° 12.

B. O. 8 Juin 1857 p. 588.

TARIF N° 12. — Le sergent clairon, dans l'infanterie, a droit à la haute paie de 0,328 qui était accordée aux tambours majors.

B. O. 15 Sept. 48 p. 196 et 19 Janv. 55 p. 22.

N° 13. — Modification à l'indemnité pour frais de représentation et de bureau.

D. M. du 24 Mars 55.

Le capitaine exerçant un commandement réglementaire dévolu à un chef de bataillon, a droit à la portion de l'indemnité attribuée pour frais de bureau.

D. M. du 26 Mai 57.

Les chefs de bataillon ou le lieutenant-colonel, exerçant en l'absence du titulaire, le commandement dévolu à un officier du grade supérieur, ont droit aux frais de représentation attribués au grade du titulaire, si d'ailleurs celui-ci ne continue pas à les recevoir lui-même.

D. M. du 13 Fév. 55.

N° 15. — Les officiers payeurs et d'habillement n'ont droit, lorsqu'ils sont logés sans meubles, qu'à l'indemnité de 5 fr. par mois pour ameublement de leurs bureaux.

B. O. 7 Déc. 49 p. 791.

N° 16. — Frais de bureau, détachements et dépôt de la 6e compagnie d'Ouvriers.

B. O. 1er S. p. 553.

Ce tarif a été modifié, notamment pour l'infanterie, le 2 août 1859.

B. O. 3 Déc. 52 p. 501.

Frais de bureau des détachements qui comptent moins de quatre compagnies; mode de répartition et de paiement pour le faisant fonctions de major.

B. O. 3 Juin 1859 p. 320.

N° 18. — L'indemnité à l'adjudant et au sergent-major embarqués n'est plus allouée au titre de la solde.

N° 19. — Pour les troupes employées hors de leur garnison au maintien de l'ordre.	B. O. 20 Juin 48 p. 314,
N° 21. — L'indemnité de lit de bord, si elle doit être payée, est due également pour le retour, à moins que l'officier n'ait été aux colonies que pour y conduire un détachement.	Circ. d'envoi de l'ordon.
N° 24. — La première mise est allouée aux militaires commissionnés chefs de musique.	J. M. 14 Août 55 p. 264.
N° 28. Les militaires commissionnés sous-chefs de musique, reçoivent le supplément de première mise alloué aux sous-officiers promus adjudants, ainsi que la prime d'entretien attribuée à ces derniers.	J. M. 14 Août 55 p. 264,
Un supplément de 0,05c par jour, est accordé aux sous-officiers et soldats dans les armées en campagne, au titre de la masse individuelle.	J. M 6 Mai 1859 p. 268. B. O. 29 Oct. 1859 p. 149
N° 29. — Fixation et modification, masse d'entretien.	B. O. 6 Sept. 50 p. 118 et Dép. M. du 28 Juin 55.
N° 30. — Les rations de fourrage peuvent être délivrés en nature.	B. O. 7 Fév. 54 p. 195.

Chapitre IX.

MEMENTO DES ÉTATS A DRESSER ET A FOURNIR PÉRIODIQUEMENT.

La nomenclature suivante, indique les documents qui sont fournis par la portion centrale du régiment d'artillerie, d'après les décisions en vigueur, et que les administrations locales peuvent exiger des détachements, si habituellement ces pièces ne sont pas toutes dressées.

Tous les jours.

Art. 433 de l'ord.	Etat des mutations survenues.

Suivant les localités et quand il y a lieu.

J. M. 30 Déc. 1838 p. 363 et D. M. du 28 Oct. 1846.	Etat des officiers qui ont quitté le port pour la non-activité, ou pour un congé à quelque titre que ce soit.
D. M. du 28 Juil. 1844 Mod. D.	Avis de décès au maire de la commune du domicile des parents d'un militaire décédé.
Art. 708 de l'ord.	Remise à la caisse des gens de mer du montant des successions.
B. Offi. 30 Déc. 1856 p. 1309.	L'état des sommes dues à des militaires décédés, sur la dotation de l'armée.
	Bons pour les vivres, le chauffage, le fourrage, le tabac, etc.,

Tous les quinze jours.

Dép. M. des 27 Fév. 1850, 23 Mars 1852 et B. Offi. 21 Mai 1855 p. 264.	Etat des affaires en retard (le 1er et le 15).

Tous les mois.

Art. 682 de l'ord. Mod. 66 et 67.	Situation générale.	Pour tout le corps, d'après les documents envoyés par les détachements.
	Etat des mutations survenues parmi les officiers.	
(Voir les formules avec les modèles du manuel).	Etats des mutations survenues parmi la troupe.	
Dép. M. du 20 Juin 1842.	Etat des congés de convalescence accordés à la portion de corps.	
J. M. 24 Fév. 1838 p. 92 et D. du 30 Nov. 1841	Etat des Légionnaires et des Médaillés décédés à la portion de corps.	
D. du 12 Déc. 1829.	Etats des hommes morts dans les hôpitaux à la portion de corps.	

Etat nominatif des rengagements contractés à la portion de corps.	Régl. du 9 Jan. 56 art. 45

Tous les trimestres.

Situation de la caisse du corps.	Art. 684 de l'ord.
Etat des mutations survenues dans le personnel de la musique.	J. M. 16 Mars 1856 p. 268.
Etat numérique des exonérations.	Régl. du 9 Janv. 1856.
Bordereau récapitulatif des avances au compte de la dotation.	Régl. du 9 Janvier 1856.
Etat des sommes à payer à leur libération, à des militaires rengagés.	J. M. 10 Août 57 p. 333, B. O. 29 Déc. 57.
Relevé sommaire du registre de centralisation (dépôt).	Art. 685 de l'ord.

(On a jugé inutile de donner ici, le détail de tous les autres documents administratifs exigés par l'ordonnance, et qui doivent servir à établir les revues.)

Pour les trois saisons des eaux thermales.

Etats de proposition, les 15 mars, 15 mai et 5 juillet.	B. O. 3 Av. 1857 p. 227.
Saison d'hiver, pour Amélie-les-bains : les 15 octobre, 15 décembre et 15 février.	B. O. 24 Fév. 1860 p. 140.

Tous les semestres.

Etats des retenues faites sur la solde des officiers en congé	B. O. 24 Mars 1853 p. 261 et Dép. M. 3 Nov. 1858.
Etat des militaires qui, provenant des colonies sont décédés. (Avant le 1er avril et le 1er octobre, pour le semestre précédent).	B. O. 19 Janv. 1854 p. 125.
Renseignements à fournir sur les militaires antérieurement proposés pour la décoration ou la médaille.	B. O. 19 Sept. 1854, p. 394.
Etat nominatif indiquant les militaires, dont la position vis-à-vis de la dotation a été modifiée.	B. O. 30 Déc. 1856 p. 1308. Mod. N° 2.

Tous les ans.

Dans le dernier semestre. Etat des imprimés nécessaires (service marine).	D. M. du 22 Oct. 1849.
Le 1er décembre. Etat des imprimés pour les libérations.	D. M. du 9 Fév. 1839.
Le 1er janvier. Etat faisant connaître l'emploi de ces imprimés.	J.M. 19 Fév. 1838 p. 57.
Le 1er janvier. Inventaire du matériel des écoles régimentaires.	Inst. du 8 Nov. 1847 p. 35.
— Situation de l'armement du corps.	Régl. d'armement.
— Etat nominatif des mandats de fonds de masse non réclamés.	B. O. 1er Déc. 1854 p. 761.

J. M. 25 Mai 35 p. 213 et 18 Déc. 38 p. 354.	— Décomposition de l'effectif (pour tout le corps).
B. Offi. 18 Nov. 1853 p. 834.	Notes et propositions (quand il n'y a pas eu d'inspection générale).
B. O. 9 Déc. 1853 p. 919.	Propositions de gratification pour les instructeurs (quand il n'y a pas eu d'inspection générale).
B. O. 13 Juillet. 1858 p. 723.	Rapport sanitaire établi par le chirurgien. (Avant le 1er mars et en double expédition).

CHAPITRE X.

DOCUMENTS ADMINISTRATIFS A ENVOYER AU DÉPOT.

Les portions secondaires employées en France ou à l'extérieur, c'est-à-dire, dans les ports, aux colonies, embarquées, en expédition, en route, etc., sont tenues d'adresser au dépôt de leur corps, pour les compagnies ou détachements dont elles ont l'administration, les pièces dont le détail est ci-après : Voir l'ord. et notamm. l'art. 796, dernier §.

Les envois doivent être détaillés dans la correspondance, ou être compris dans un bordereau énumératif.

Les accusés de réception sont donnés en relatant les numéros de l'envoi.

Conformément à l'ordonnance, la correspondance avec le dépôt ou conseil central, doit être distincte, suivant qu'elle concerne la comptabilité finances, ou le service de l'habillement. Les numéros d'enregistrement de la correspondance, sont suivis de la lettre (H), si la lettre d'envoi à pour objet la comptabilité matières, Art. 628 et 643

Le 1er de chaque mois.

La situation numérique.
L'état des mutations des officiers.
L'état des mutations de la troupe.
} voir le chapitre XIII et les formules, aux modèles. Dép.M. du 14 Nov. 1840. Mod. H. du manuel, et nos 66 et 67. Art. 682 de l'ord.

Tous les trimestres.

1° *La feuille de décompte*, et dans le cas ou la portion se compose de plus d'une compagnie, les feuilles doivent être accompagnées *du relevé général*. Mod. n° 113.

A chaque feuille de décompte doivent être annexés, les extraits des livres du détail, justifiant les inscriptions des masses venues des autres portions du corps.

Cet envoi doit se faire, dès que la feuille de journées qui a été vérifiée par les revues, a permis de faire le décompte de la masse individuelle.

2° *Le relevé du registre journal* portant application des recettes et des dépenses, et présentant toutes les indications données par le modèle. Mod. A art 796 de l'ord.

Ce relevé est accompagné, pour les officiers de celui modèle B, et pour la troupe de la copie de l'état comparatif constatant les dépenses de la solde. Mod. B. et n° 102 de l'ord.

La copie des autres pièces justificatives n'est envoyée, que lorsque les recettes ne sont pas égales aux dépenses, ou que des explications ne sont pas données par la feuille de décompte. Le modèle A, contient à cet égard tous les renseignements propres à faciliter le travail de centralisation, et permet aux détachements de supprimer un grand nombre de pièces reconnues inutiles. Ainsi, à moins d'instructions particulières, les détachements du régiment d'artillerie, ne doivent adresser directement au conseil central, que les pièces indiquées par le manuel pour tout ce qui concerne la comptabilité finances.

Art. 403 à 441, 490 à 522.

Les autres documents exigés par l'ordonnance pour l'établissement des revues, sont transmis par les soins de l'administration locale.

Modèle E.

3° *L'état portant renseignements sur les militaires décédés, disparus*, etc. Cet état n'est envoyé que par les détachements employés à l'extérieur.

4° L'état des effets condamnés, détériorés, perdus ; avec rapports ou procès-verbaux de perte, ou état de condamnation, s'il y a lieu.

Tous les six mois.

Pour les portions du régiment d'artillerie en France, et trois mois à l'avance ; *l'état de prévision, avec l'état nominatif des effets dûs et celui des mesures.*

Tous les ans.

Modèle I.

Au 1er janvier. *L'état des mutations survenues pendant l'année précédente, parmi les membres de la Légion-d'honneur et les décorés de la médaille militaire.*

Art. 237. de l'ordonn. Modèle C.
Circ. d'envoi de l'ord. (p. XXVII.)

Après le réglement du 4e trimestre, *le relevé général des recettes et des dépenses au compte de la masse d'entretien.*

Les contrôles annuels sont transmis par la voie des revues.

En janvier, *l'état de numérotage des effets de la 2e catégorie, des armes, clefs de cheminée et trompettes, en service ou en magasin au premier jour de l'année.*

L'état des prévisions avec l'état nominatif des effets dûs et celui des mesures; à envoyer des colonies quatre mois avant la fin de l'année.

Quand il y a lieu.

Pour les hommes incorporés, *l'état des mesures et une note indiquant la date de la mise en service des effets de la 1re catégorie qui leur ont été délivrés;* à l'arrivée des hommes dans une colonie, ou à leur retour en France, *l'état de la nouvelle durée qu'ont à parcourir les pantalons de drap.*

Dans le cas de changement de garnison ou de passage d'une portion de corps à une autre : L'état des dernières époques d'habillement et du numérotage de l'armement et du grand équipement. Cet état doit comprendre les effets de cuisine et autres, emportés par la compagnie ou par la section, et être suivi d'une note par ancienneté de durée, *des effets de la 2e catégorie; le livret d'armement*, et s'il y a lieu, *l'état des carabines marquées du poinçon* E.

Chapitre XI.

RENSEIGNEMENTS SUR LES PIÈCES A FOURNIR PAR UNE COMPAGNIE A LA PORTION DE CORPS DONT ELLE FAIT PARTIE.

L'administration d'une portion de corps, exige que les compagnies et sections dont elle se compose, fournissent les documents qui lui sont nécessaires, soit pour sa comptabilité, soit pour dresser les pièces qui doivent être envoyées. Dans le cas même où la portion ne se composerait que d'un détachement ou d'une compagnie, les renseignements suivants, que doit donner le chargé du détail, permettront à l'officier commandant, de satisfaire aux exigences administratives.

Tous les jours, la situation ou rapport avec les pièces de mutations à l'appui.

Aux dates déterminées, ou dans le cas de mutations; l'extrait du livre de détail ; les feuillets matriculaires et de punitions, des militaires passés à une autre portion ou rentrés en France ;

Les bons de tabac, de pain ou de vivres, suivant les localités et les circonstances ; les bons d'habillement, de réparations, de réintégration, etc.

Tous les cinq jours, la feuille de prêt et la feuille pour haute paie de la dotation.

A la fin du mois, sur un même état nominatif, présentant avec les dates, toutes les indications nécessaires, et l'annotation *Néant* au-dessous du titre, s'il y a lieu.

1° *Militaires morts pendant le mois;* 2° *légionnaires et médaillés décédés ;* 3° *militaires ayant obtenu des congés de convalescence ;* 4° *rengagés* : 5° *militaires en détention dont la peine expire pendant le mois suivant*; 6° *militaires devant finir leur temps de service, ou qui sont entrés dans leur* 47e *année;* 7° *militaires qui demandent à se rengager ;* 8° *rengagés qui auront droit aux hautes paies de chevrons ou de la dotation ;* 9° *incorporés dont la* 1re *mise entière n'a pas été allouée.*

Les renseignements fournis par cet état, sont vérifiés au moyen des feuillets matriculaires ou des contrôles, et permettent de prendre les dispositions nécessaires, pour les mutations qui doivent avoir lieu le mois suivant.

Modèle H. La compagnie dresse également, la situation numérique de l'effectif, avec le détail nominatif des gains et des pertes pendant le mois. La plus grande exactitude doit être apportée dans la rédaction de ce document, dont les éléments servent à établir la situation générale du corps.

A la fin du trimestre, la feuille de journées et la feuille de décompte, (en double ou en triple expédition, après vérification de la première) ; l'état des versements aux masses ; l'état comparatif, après vérification de la feuille de journées ; l'état pour le paiement des excédants de masse, et l'état des masses passées et venues avant le paiement de l'excédant.

Dix jours avant la fin du trimestre, l'état nominatif par ordre de n° matricule, des effets dûs dans le trimestre suivant, (y compris les effets d'enfants et ceux de cuisine), en annotant les hommes qui doivent avoir droit à leur délibération, etc.

Le 1er jour du trimestre, le bordereau d'enregistrement journalier, des réparations exécutées pendant le trimestre précédent.

Dans les dix premiers jours du trimestre, la situation du grand équipement, armement, instruments de musique et objets du chapitre 10, en service, et celle du casernement, au 1er jour du trimestre.

Dans le cas d'une inspection d'armes, la compagnie dresse en double expédition, un état nominatif pour la visite. **Mod. 29 du règl. du 1er Mars 1854.**

A l'époque des inspections générales, les divers états prescrits par l'instruction, ou nécessaires pour cette inspection, sont dressés d'après les modèles donnés à la compagnie.

Chapitre XII.

Art. 410 à 441 de l'ord.

CONTROLES ANNUELS.

Art. 421 de l'ord. et B. O. 12 Mars 1849 p. 141.
Circ. d'envoi de l'ord. (page XXVII.)
Circ. de la Marine du 29 Nov. 1847 n° 226.

Les portions de corps sont tenues d'envoyer au dépôt, les contrôles annuels établis au 1er Janvier, avec toutes les mutations à jour au moment de l'envoi.

La formule : *En station du*..... qui était employée dans les mutations des militaires arrivant au corps, pour indiquer leur entrée en solde, est supprimée.

Les mutations qui émanent de la portion centrale, telles que avancement en grades ou en classes, changement de compagnie, etc., doivent toujours être indiquées sur le premier état de mutations, à transmettre par la voie des revues ; l'inscription sur les contrôles du dépôt n'étant faite que d'après les états reçus des portions détachées.

Man. des pensions p.32
Art. 3 à 6 de l'ord. du 16 Mars 1838.

L'inscription sur les contrôles, des hommes arrivant au corps le même jour se règle : 1° par la date du départ ou de la mise en route qui sert de base au décompte des services ; 2° par la date de la naissance ; 3° par le n° du contingent de la classe.

Au régiment d'artillerie, lors du renouvellement des contrôles, les militaires de même grade y sont inscrits suivant leur ancienneté dans ce grade ; mais à égalite de grade, la supériorité d'emploi donne la priorité.

Art. 228 de l'ord. du 16 Mars 1838.

Les militaires non gradés, mais de même classe, sont inscrits sur les contrôles suivant leur ancienneté de service. Cette ancienneté est déterminée par la date de l'arrivée sous les drapeaux, en tenant compte des services antérieurs, et quelle que soit l'arme dans laquelle ces services ont été accomplis. Ce classement est de rigueur au renouvellement annuel, même pour les militaires qui ont été cassés dans le courant de l'année précédente. Cette règle ne fait d'exception que pour les trompettes qui demandent à quitter leur emploi. Ces derniers ne prennent rang pour passer canonniers de 1re classe, que du jour où ils ont quitté leurs fonctions.

Dans le régiment d'artillerie, les contrôles des compagnies actives sont établis, en affectant aux diverses catégories les numéros suivants :

Sergent-Major	de	1	à	4
Sergents	de	5	à	28
Sergent-Fourrier	de	29	à	32
Caporal-Fourrier	de	33	à	36
Caporaux	de	37	à	68
Artificiers	de	69	à	92

Trompettes	de	93	à 98
Enfants	de	99	à 110
Canonniers servants de 1re classe	de	111	à 200
id. de 2e classe	de	201	à 350
Can. ouv. en bois ou en fer, de 1re classe	de	351	à 357
id. de 2e classe	de	358	à 364

Les subsistants, hommes et enfants, sont placés à la suite de ceux pourvus d'un grade ou d'une classe semblable, en ayant soin toute fois, de mettre entre parenthèse, le numéro de la compagnie à laquelle appartient le subsistant.

Les contrôles sont tenus par le major ou par l'officier en remplissant les fonctions. Toutes les mutations qui y sont inscrites doivent être exactement conformes à celles qui sont portées sur le livre de détail, et ensuite sur la feuille de journées. Avant de décompter cette dernière, il est nécessaire de s'assurer, si les mutations ont été rigoureusement relatées, et si elles sont en concordance avec les pièces qui ont servi à les établir.

Le livre de détail tient lieu de contrôle annuel, aux portions de corps qui ne sont composées que d'une compagnie, ou d'une fraction de compagnie. Mais que le corps tienne ou non les contrôles, ces mêmes documents sont déposés au bureau des revues, pour l'inscription des mutations, d'après les états fournis, et pour la vérification des feuilles de journées. Dans le cas de départ, le contrôle tenu par l'administration est envoyé au port ou à la colonie qui doit compter de la compagnie, et s'il n'y a pas eu coupure dans la feuille de journées, les pièces de mutations sont également envoyées par le corps, à la portion qui doit régler les comptes du trimestre.

Chapitre XIII.

MUTATIONS, CONSTATATION DES SERVICES, DES CAMPAGNES, ETC.

Les mutations de contrôle, doivent comprendre tous les mouvements et changements qui surviennent dans la position d'un militaire, soit pour la solde ou les prestations de toute nature (la dotation exceptée), soit pour les services, avancements, rengagements, radiations, etc.

Toutes les mutations qui peuvent modifier l'état-civil ou militaire, le grade, les services, les campagnes, sont dites *matriculaires ;* elles doivent être inscrites tant sur les matricules du dépôt, que sur les feuillets et les livrets individuels que possèdent les détachements. Pour qu'il y ait concordance dans les inscriptions, il est nécessaire que des mutations qui doivent garantir les droits de l'Etat, en même temps que ceux des militaires, soient libellées avec le plus grand soin, d'une manière uniforme, et appuyées s'il y a lieu, de pièces authentiques, dont le dépôt est fait aux archives du corps. Au régiment d'artillerie, les mutations matriculaires sont libellées d'après les formules données avec les modèles du manuel.

Mod. 66 et 67 de l'ord. Les états de mutations matriculaires adressés mensuellement par les portions de corps, sont distincts pour les officiers et pour la troupe.

L'état pour les officiers doit comprendre tous ceux qui appartiennent à la portion, qu'ils aient ou non éprouvé de mutations, même les officiers qui étant annoncés, ne seraient point encore arrivés. Il doit indiquer leur titre dans la Légion d'honneur et la position, de présence ou d'absence, au premier jour du mois, date de l'état.

Par suite de cette dernière prescription, des mutations qui ne seraient point matriculaires, telles que celles d'hôpital, de congé, doivent être relatées comme sur les contrôles, pour expliquer le motif de l'absence.

L'état pour la troupe, ne doit comprendre que les hommes qui ont eu des mutations, et être établi par ordre de numéros de matricule, et non par compagnie ou détachement. Ce dernier mode n'est suivi que pour les mutations et mouvements de contrôle.

Art. 682 de l'ord. Si l'état comprend plus de 20 noms, une table alphabétique est placée à la suite,

Les blessures doivent être appuyées de certificats qui en relatent la nature et les circonstances, pour y avoir recours dans le cas de réforme ou de retraite ; les citations ou actions d'éclat doivent être également appuyées des pièces prescrites ; les condamnations exigent la production de la copie du jugement ; les rengagements celle de l'acte ; etc.

J. M. 9 Nov. 1845 p. 402 et 23 Mai 1853 p. 639, art 138 de l'ord. du 3 Mai 1832; D. M. du 31 Mars 1857;
B. O. 26 Mai 1857 p. 455

A l'appui de la mutation de mariage pour les officiers, les détachements doivent faire parvenir au dépôt pour être transmis au ministre, le certificat de mariage et l'extrait dn contrat.

J. M. 3 Juil. 1840 p. 9 et 19 Av. 1844 p. 238.

En général, tous les documents pouvant constater les inscriptions matriculaires doivent être déposés aux archives. Les titres pour les services antérieurs sont rigoureusement exigés, afin de justifier en outre, des droits à la dotation de l'armée.

Circ. d'envoi de l'ord. p. XXIII.
B. O. 13 Août 1851 p. 90
J. M. 11 Janv. 1853 p. 13

Toute demande d'inscription de services antérieurs, de rectifications de dates, d'omissions, etc., doit être accompagnée de renseignements propres à vérifier ou à transmettre la demande. L'inscription sur les feuillets et livrets individuels n'est faite qu'après celle sur les matricules.

Dans le cas d'erreur dans l'état-civil d'un militaire : nom mal orthographié, fausse filiation etc. ; un extrait de l'acte de naissance dûment légalisé, doit être envoyé au dépôt avec le feuillet matriculaire, pour que la rectification puisse avoir lieu.

J. M. 25 Sept. 1833 p. 157.

Les registres matricules ne doivent, en ce qui touche les noms, que porter les indications contenues dans les extraits d'actes de l'état-civil.

D. M. du 28 Janvier 1860, en exécution de la loi du 28 Mai 1858,

L'inscription des titres de noblesse ne peut avoir lieu qu'en vertu d'une autorisation spéciale du ministre.

Les feuillets matriculaires et les livrets individuels, reçoivent les inscriptions qui sont portées sur les états de mutations envoyés, pour être transcrits sur les matricules ; ils reçoivent, en outre, l'indication des dates d'admission aux chevrons.

Les feuillets, ou extraits de la matricule des officiers, sont également tenus à jour, et transmis en cas de mutations, soit au dépôt, soit à la portion où ces officiers doivent compter.

Le conseil central effectue l'envoi des extraits de la matricule, pour les officiers passés à d'autres services de l'arme.

Il n'est pas fait mention sur les matricules des jugements prononçant l'acquittement. Les mutations matriculaires ne doivent indiquer que les jugements portant condamnation.

D. M. du 5 Avril 1849.

Les traits de courage et de dévouement légalement constatés, sont consignés sur les matricules.

J.M. 17 Janv. 1845 p. 25

Dans le cas où un militaire qui fait l'objet d'une dépêche ou d'un ordre aurait fait mutation (quel que soit d'ailleurs le grade ou la position de ce militaire), il doit être fait immédiatement envoi à qui de droit, de cette dépêche ou de cet ordre, de manière à en assurer la prompte arrivée à destination.

J. M. 23 Fév. 1853 p. 159

CHAPITRE XIV.

PORTIONS DE CORPS OU DÉTACHEMENTS CHANGEANT DE GARNISON, EN ROUTE, ETC. REDDITION DES COMPTES.

Ord. du 2 Nov. 1833 Art 344 à 377.

Le commandant d'un détachement destiné à se rendre par la voie de terre, d'une portion de corps dans une autre, reçoit au départ un ordre, au moyen duquel, l'administration lui délivre une feuille de route portant itinéraire, l'indication des lieux de séjour, et les droits aux allocations de convois.

Régl. du 31 Déc. 1823.

J.M.13 Avr.1847 p. 129.

Tout détachement commandé par un officier, a droit à une voiture à un collier, alors même que son effectif serait de moins de 25 hommes. Si le détachement est de 25 hommes et plus, les bases d'allocation sont déterminées par les réglements.

J.M.21 Mai 1847 p.244.

J.M .7 Août 1855 p. 263.

Chaque officier a droit à 30 kilogr. de bagages sur les voitures allouées aux détachements.

B.O.26 Août 1851 p.105.

L'administration locale du point de départ fait connaître au ministre de la guerre, et au général commandant la division, l'effectif de la troupe, et l'itinéraire qu'elle aura à suivre, pour que le commandant de la division du point de départ, notifie le mouvement à ses collègues et à l'intendance.

Un contrôle nominatif conforme à celui qui a servi pour la revue de départ, est remis au commandant du détachement, et sert à l'inscription de toutes les mutations qui ont lieu pendant la route.

Sur la présentation de la feuille de route, les sous-intendants militaires délivrent et constatent les mandats qui sont remis au détachement, soit pour la solde, soit pour le pain qui doit se distribuer dans les lieux de gîtes.

Art. 310 de l'ordonn.

Le corps qui dirige le détachement sur un autre point, délivre au chef de ce détachement, un livret de solde portant autorisation de recevoir des payeurs, les sommes qui lui sont nécessaires pour son administration.

Le premier mandat de solde pour la troupe, et pour les officiers s'il y a lieu, est ordinairement délivré au départ par l'administration de la marine, d'après les états d'effectifs dressés par le détachement ; les autres le sont par les fonctionnaires de l'intendance.

Les imprimés nécessaires pour la solde, les feuilles d'appel, les billets d'hôpital, les signalements de déserteurs, etc., sont remis au commandant du détachement.

Les dépenses pendant la route, sont justifiées par des feuilles de prêt et par des états d'émargement ; les recettes le sont par les inscriptions sur le livret de solde. En arrivant à sa destination, le commandant du détachement règle avec le trésorier ou l'officier payeur , en établissant , s'il est nécessaire , une feuille analogue à celle de journées , pour constater les crédits et les débits.

Toutes les opérations administratives faites par un détachement pendant la route, doivent être comprises dans les comptes de la portion de corps qui reçoit ce détachement.

Parmi les prescriptions qui doivent être plus particulièrement observées pendant la route, sont, celles relatives aux revues qui peuvent être passées ; aux visites ; aux hommes laissés dans les hôpitaux ; aux certificats de bien vivre, et aux signalements des déserteurs ou absents. Les feuillets matriculaires et de punitions dont le commandant du détachement doit être en possession, lui donnent les moyens de dresser ces signalements , les billets d'entrée à l'hôpital, etc.

Les militaires laissés dans les hôpitaux, reçoivent à leur sortie, une feuille de route pour voyager isolément afin de rejoindre, soit le détachement, soit le lieu de destination.

Si la troupe doit voyager par les chemins de fer, le commandant doit connaître les principales dispositions du réglement du 6 novembre 1855, et provoquer de l'intendance militaire, les avis et réquisitions nécessaires pour le transport des hommes et des bagages. Selon la durée du voyage, il veille à ce que les hommes puissent emporter pour un ou deux jours de vivres. J. M. 1er 1856 p. 187 à 254.

Si le mouvement d'un port à un autre, s'opère par la voie de mer, des revues d'effectif, comme pour le cas de route, sont passées au départ et à l'arrivée. Les officiers n'ont pas droit à l'indemnité de lit de bord, mais les sergents et fourriers reçoivent pour les journées à bord des navires de l'Etat, l'indemnité fixée par le tarif N° 18 de l'ordonnance.

La liste des sous-officiers, caporaux et soldats embarqués, est numérique. B. O. 1856 p, 1128.

Quand l'embarquement a pour objet, une expédition ou une destination coloniale, le chef du détachement dresse les états d'effectif pour le paiement de la solde à titre d'avance, suivant les prescriptions de l'ordonnance ou de la décision en vertu de laquelle l'expédition a lieu. Les mêmes mandats comprennent, suivant les circonstances, les indemnités d'entrée en campagne ; celles pour les sergents et les fourriers embarqués, et celles pour lit de bord. Cette dernière indemnité n'est payée que sur l'avis du commissaire aux revues. Art. 282 de l'ordonn. B. O. 5. Mai 1848 p. 243.

Les avances de solde ne sont payées aux sous-officiers et soldats, que dans de justes limites et afin de pourvoir aux achats nécessaires pour la traversée. Le commandant du détachement reste responsable des sommes qui ayant été payées n'auraient pas été acquises, par suite de mutations. Il doit aussi avoir égard, que si l'arrivée à destination s'effectuait avant l'acquit des avances, les ordinaires pourraient avoir à souffrir des excédants qui auraient été payés.

B. O. 26 Déc. 1857 p. 1276. Une visite sanitaire des hommes de troupe, avant leur embarquement pour les colonies, est de rigueur.

Si le détachement qui change de position, constitue une compagnie (le numéro ou le cadre quel que soit son effectif), son administration est celle d'une portion de corps isolée, dont les comptes doivent être compris dans celle de la portion à rejoindre.

Art. 477 de l'ordonn. Dans ce cas l'indemnité pour le vaguemestre est allouée. Passant du pied de paix au pied de guerre, ou si le départ a pour objet une destination outre-mer, et vice-versà, il y a coupure dans la feuille de journées, c'est-à-dire, que les comptes doivent être arrêtés comme si le trimestre était terminé.

Quand la compagnie quitte un port pour aller tenir garnison dans un autre; qu'elle ne change pas de régime; il n'y a pas coupure dans la feuille de journées, puisqu'elle est comprise dans la même revue dressée pour toutes les portions du corps à l'intérieur. Les comptes ne sont point réglés au départ.

La solde reçue avant le changement de garnison, comme celle perçue pendant la route, est prise en compte par la portion de corps qui compte de cette compagnie à la fin du trimestre. Un état des sommes payées au titre de la solde et le relevé des rations perçues avant le départ, sont envoyés au port de destination.

Pour faciliter le règlement des prestations en nature, les journées y donnant droit doivent être distinguées, en modifiant le titre des colonnes de la feuille de journées, de maniere à présenter les quantités acquises avant le départ, en route et à la destination.

Les deux portions de corps se tiennent compte, dans leurs écritures, des paiements effectués. Ainsi, la portion qui reçoit la compagnie, considère comme un envoi de fonds dont elle fait dépense à la solde, les sommes payées avant le départ, et celle qui a expédié la compagnie, fait recette à la solde par un virement, de la somme payée à ce titre, depuis le 1er jour du trimestre.

La feuille spéciale du chauffage comprend la compagnie, pour les journées effectives dans chaque localité.

A l'égard de la feuille de décompte, l'avoir au 1er jour du trimestre et les masses venues des autres compagnies avant le départ, doivent figurer dans la colonne 10, 2e partie; ces dernières inscrites un peu au-dessous de la ligne.

Toutes les dépenses ou imputations, faites à la portion de corps qui a été quittée, sont portées en totalité dans la colonne 33.

Les débets au 1er jour du trimestre, sont inscrits dans la colonne 21, 2e partie.

Les masses qui ont été passées à d'autres compagnies avant le départ, sont inscrites dans la colonne 38, 2e partie, un peu au-dessous de la ligne, pour les distinguer de celles qui auraient pu être passées à d'autres compagnies de la nouvelle portion de corps.

Chaque portion de corps se fait rembourser directement des avances qu'elle a faites au compte de la dotation de l'armée. Un extrait du contrôle de la dotation, indiquant jusqu'à quelle date la haute paie a été acquittée, est remis à la compagnie, ou envoyé à la portion de corps qui doit en compter. Mod. K· du manuel.

Quand il y a eu coupure à la feuille de journées, il n'est pas fait de nouvelle feuille à la fin du trimestre, si à cette époque la compagnie n'est pas rendue à sa destination. Dans ce cas, le réglement du trimestre suivant comprend les allocations depuis la clôture de la dernière feuille de journées.

Les feuilles de décompte doivent toujours être établies pour la même période que les feuilles de journées.

Avant le départ, la compagnie doit verser en magasin, les effets et l'armement qui ne doivent point être emportés. Elle reçoit quatre clés de cheminée supplémentaires, ainsi que les effets dûs dans le trimestre, s'ils n'ont pas été délivrés. Des bons sont également dressés, s'il y a lieu, pour les gilets de flanelle et pour les effets de bord, ainsi que pour le complet des objets de petit équipement, eu égard aux motifs du départ. Le casernement est visité au jour fixé, et le montant des dégradations est imputé aux masses. Toutes les inscriptions faites au livre de détail, depuis le premier jour du trimestre, sont vérifiées, au moyen des écritures tenues par la comptabilité finances, et par celle de l'habillement. La compagnie est pourvue de caisses et fûts nécessaires, pour les registres et pour les effets qu'elle emporte.

En arrivant à destination, elle reçoit le casernement, et verse en magasin les objets qui ne lui sont plus nécessaires. Tous les bons de recettes ou de remises sont établis ; les armes et effets sont visités, s'il y a lieu, et les réparations effectuées.

Comme l'armement des portions de corps aux colonies, appartient au ministère de la marine, il ne peut être fait de versements aux Directions d'artillerie. Dans chaque détachement, l'outillage, les pièces d'armes, les instruments vérificateurs, les armes de démontage, en un mot tout ce qui ressort du régime intérieur du corps, doit être entretenu au complet, par les soins des conseils centraux. Les inspections d'armes ont lieu aux colonies aux époques fixées, et elles doivent comprendre celles des postes détachés. Les conseils secondaires ou chefs de détachement doivent, au besoin, provoquer ces visites, et établir régulièrement toutes les pièces prescrites par le réglement d'armement. D. M. du 7 Avr. 1860.

Reddition des Comptes.

Quand par suite de mutations, l'administration d'un détachement passe dans d'autres mains, il doit être dressé un inventaire des registres, pièces de comptabilité et documents administratifs que possède la portion de corps.

La remise des effets et matières existant en magasin, est effectuée après justification des recettes et des consommations, faites depuis le dernier arrêté trimestriel inscrit sur les registres et dûment vérifié.

L'avoir en service, est également reconnu après examen du livre de détail, et des inventaires particuliers, s'il y a lieu.

Le registre journal est arrêté au jour de la remise des comptes, et doit constater l'avoir en caisse, qui a été réellement remis en espèces au nouveau comptable.

Toutes les inscriptions faites sur le journal depuis le dernier arrêté, doivent être légalement justifiées, et pour en reconnaître l'exactitude sans attendre le réglement du trimestre, une feuille présentant le crédit et le débit est établie, ainsi que cela se pratique dans le cas de mutations entre les commandants de compagnie.

La coupure faite dans le registre journal, est indiquée dans le relevé trimestriel à envoyer au dépôt.

Toutes les opérations concernant la remise des comptes doivent être faites en présence du commissaire aux revues, et consignées dans un procès-verbal, dont expédition est envoyée au dépôt. Si la portion de corps est administrée par un conseil, semblable opération est effectuée dans le cas de changement de l'officier payeur et d'habillement, et le registre des délibérations la constate.

Les mêmes formalités devraient être remplies, si par suite de décès ou de départ urgent, l'officier chargé de l'administration d'une portion de corps ne pouvait rendre les comptes à son successeur. Toute négligence à cet égard, engagerait la responsabilité de celui qui aurait pris le commandement et l'administration d'un détachement, sans avoir fait constater la situation des choses.

Le nouveau comptable doit également s'assurer si, par suite du réglement des trimestres antérieurs, celui du trimestre courant ne devra pas être modifié.

Quand un détachement est remplacé dans une localité, par un autre du même corps, il doit emporter tous les registres et pièces de comptabilité finances pouvant justifier de son administration, et ne laisser que les réglements et documents généraux qui sont communs à toutes les portions.

Dans le cas de passage des militaires, d'un détachement dans l'autre, ou de remise de fonds, les prescriptions relatives aux masses passées et venues et aux versements d'une portion de corps à une autre, sont rigoureusement observées. Il en est de même pour les effets en magasin qui, sauf instruction contraire, doivent toujours rester dans la localité, et être pris en charge par la compagnie, section ou détachement qui est venu relever l'autre.

Cette prise en charge est constatée, par le reçu de l'officier, et le visa du commissaire aux revues, placés au bas de chaque chapitre du registre de l'habillement, et les quantités existantes servent de point de départ au nouveau détachement. Avant d'arrêter les comptes, il est fait par les deux officiers la vérification du numérotoge des effets de la 2e catégorie et des armes entre les mains des hommes, et leur existant est constaté au chapitre 2, par une recette et une dépense pour ordre, si les objets restent entre les mains de l'ancien détachement, ou par une recette effective si ce détachement est désarmé.

La portion de corps, non remplacée par une autre, emporte tout le matériel appartenant au corps.

Quand les circonstances ne permettent point à un officier, de pouvoir rendre ses comptes au dépôt, l'envoi des documents doit être accompagné de tous les renseignements propres à faciliter la reddition. Le résultat des vérifications lui est communiqué avant que le dépôt prenne les dispositions, pour faire effectuer des remboursements, s'il y a lieu.

Pendant le temps de séjour dans la localité, de deux détachements, dont l'un est venu relever l'autre, s'il n'y a pas de conseil pour généraliser les comptes, chacun doit conserver son administration distincte. Toutefois, si des circonstances ne permettaient point d'observer cette mesure, toute d'ordre, celui des deux qui serait chargé des écritures, devrait distinguer sur le journal, toutes les opérations qui ne lui seraient pas spéciales, afin que cette distinction put servir à établir la division, dans le travail de centralisation du dépôt.

Si deux détachements ou sections de compagnie, doivent se réunir sous une même administration, les comptes de la portion qui cesse de tenir les écritures, sont arrêtés comme pour une reddition ; les opérations effectuées depuis le 1er jour du trimestre sont inscrites sommairement sur le journal qui doit être continué, et un relevé en est envoyé au dépôt.

Si un conseil secondaire ou éventuel est formé, la comptabilité des compagnies et détachements est réunie dans les écritures de l'officier payeur.

Chapitre XV.

REVUES D'EFFECTIF, TRIMESTRIELLES ET AUTRES.

Art. 247 à 253 de l'ord. du 2 Nov. 33 sur le service intérieur.
B. O. 8 Décem. 1854, p. 928.
Art. 462 à 472 de l'ord.

Les feuilles d'appel qui sont dressées pour les revues, doivent présenter toutes les mutations, et constater la présence ou l'absence des militaires comptant à l'effectif. Des états indiquant les hommes malades, de service, etc., sont dressés et remis.

Les hommes sont porteurs de leurs livrets. Les livres du détail, les feuillets matriculaires et autres documents administratifs, doivent pouvoir être comparés, au besoin, avec les inscriptions faites sur les livrets individuels.

J. M. p. 213.
3 mai 1844, p. 277.
Inst. du 26 Janvier 1856 n° 51.

Une instruction du 27 octobre 1838, indique l'objet des revues trimestrielles qui sont passées dans les ports par les majors-généraux. On doit y avoir égard pour les diverses propositions, notamment celles pour la retraite et pour la réforme.

B. O. 6 Mai 1858, p. 429

L'instruction sur les revues d'inspection générale, fait connaître les états et les pièces à fournir ainsi que les divers renseignements et les propositions que doivent contenir les livrets. Les imprimés nécessaires sont envoyés au corps avant l'époque des inspections, et il importe, dès leur réception, de réunir tous les éléments nécessaires.

Les registres de comptabilité, et les pièces justificatives des recettes et dépenses depuis la dernière inspection, sont disposés et mis en ordre, pour la vérification du commissaire général ou chef du service administratif, et pour celle définitive de l'inspecteur général.

La correspondance doit pouvoir constater au besoin, l'envoi au dépôt, des documents qui ne pourraient être représentés ; mais ces documents ne peuvent comprendre les pièces originales qui doivent rester à l'appui des inscriptions faites sur le journal.

J. M. 2 Juin 1840 p. 248

Lors des revues, des déférences sont dues aux commissaires généraux et aux commissaires.

J. M. 27 Oct. 1838 p. 214

Les revues trimestrielles n'ont pas lieu, un mois avant les inspections générales, ni pendant les deux mois qui suivent ces inspections.

J. M. 25 Nov. 1858 p. 473 et 20 Avril 1859 p. 163,

Les membres de l'intendance militaire doivent assister aux revues ou parades où se trouvent des officiers généraux. La place qu'ils doivent occuper est déterminée.

Chapitre XVI.

RECRUTEMENT, INCORPORATION, ARRIVÉE AU CORPS.

Les militaires sont incorporés d'après le titre en vertu duquel ils sont liés au service. Ces titres sont :

1° Jeunes soldats 2° Substituants.	appelés ou devançant l'appel, et faisant partie du contingent d'une classe.		Loi du 21 mars 1832.
3° Remplaçants.	idem, admis par les conseils de révision antérieurement à la loi du 26 avril 1855.		
	admis par les corps. id.		
	par voie administrative admis par les corps.	dans les conditions de la loi du 26 avril 1855, modifiée par celle du 17 mars 1858.	

4° Engagés volontaires, ayant ou non des services antérieurs.

5° Venus d'autres corps, par changement, ou par suite de rengagement contracté.

Les hommes d'un contingent, jeunes soldats, substituants, et remplaçants par voie administrative, sont dirigés sur les corps d'après la répartition qui en est faite par le ministère de la guerre.

Des contrôles signalétiques servent à leur inscription sur les matricules. Ces contrôles sont ensuite retournés aux dépôts de recrutement avec des annotations qui constatent l'incorporation. — Mod. n° 7 de l'inst. du 4 Juillet 1832.

Les matricules étant tenues à la portion centrale du corps, les contrôles signalétiques envoyés aux portions secondaires sur lesquelles des hommes du recrutement sont dirigés, servent à dresser les feuillets matriculaires. Ces contrôles, après avoir reçu l'annotation de la date d'arrivée, sont envoyés au dépôt du corps avec l'état portant demande des numéros de la matricule. Après immatriculation, la portion centrale effectue le renvoi des contrôles au recrutement, et celui de l'état indiquant les numéros, au détachement qui a fait l'incorporation. — Circ. d'envoi de l'ord. — Modèle J. du manuel. Art. 698.

Les contrôles reçus par le dépôt, pour des hommes qui auraient été dirigés sur d'autres ports, ne sont transmis aux portions du corps qu'après réception de l'état portant demande de numéros, et indiquant la date de l'arrivée. Ces contrôles, après avoir reçu toutes les annotations exigées, et après avoir servi à dresser les feuillets matriculaires, seraient renvoyés au recrutement par les détachements qui auraient reçu les jeunes soldats.

La date d'arrivée à inscrire sur les contrôles signalétiques et sur les mutations, est celle constatée sur la feuille de route par le bureau des revues, et non l'époque probable d'arrivée indiquée sur le contrôle d'après la date du départ.

J. M. 9 Juin 1858, p. 643 28 Janvier 1837, p. 27 et loi du 21 mars 1832. Les substitutions et les remplacements ne peuvent plus être effectués qu'entre parents jusqu'au 6e degré. Les substitutions continuent à être du ressort exclusif des conseils de révision, mais les corps peuvent être appelés à recevoir des remplacements, dans les conditions de la nouvelle loi.

Le remplaçant doit produire :

J. M. 3 Déc. 1818 p. 431 1° L'acte de naissance ;

J. M. 1er 1832 p. 257. 2° Un certificat de bonne vie et mœurs ;

J. M. 1er 1858 p. 238. 3° Un certificat constatant le degré de parenté ;

J. M. 1er 1832 p. 255. 4° La déclaration qu'il n'est point lié par le service, ni marié ou veuf avec enfant,

5° Le certificat d'acceptation délivré par le corps.

J. M. 3 Déc. 1818 p. 446. Inst. du 8 Nov. 1847 p. 57. Toutes ces pièces étant produites, le conseil d'administration du corps dresse l'état qui doit recevoir la décision de l'autorité maritime. Si le remplacement est approuvé, le commissaire aux revues dresse l'acte de remplacement après versement au trésor du montant de l'habillement si le remplaçant n'est pas au service. Ampliation de l'acte est remise au remplacé comme titre de libération.

Ord. du 28 Janv. 1837 Le remplaçant n'est tenu qu'au temps de service restant à faire au remplacé ; mais à 3 ans au moins, s'il n'a pas déjà servi dans l'arme.

Les remplaçants par voie administrative comptent leur service de la date de l'acte, et ne sont pas libérés comme sous la loi de 1832, en même temps que les jeunes soldats et les substituants, bien que dirigés sur les corps par le recrutement.

Art. 698. Toutes les pièces relatives au remplacement effectué par le corps doivent être envoyées à la portion centrale. Il en est de même pour les engagés volontaires et pour les hommes venus d'autres corps, incorporés dans les détachements ; les pièces qui les concernent, telles que : actes d'engagement, états signalétiques et de services ou extraits des matricules, doivent être envoyées au dépôt, après établissement des feuillets matriculaires, en même temps que l'état portant demande de numéros matricule. Mod. J.

Dans le cas où des services antérieurs ne seraient point également justifiés, le même état devrait donner les renseignements nécessaires pour pouvoir réclamer les pièces à qui de droit.

Mod. 84, Art. 698. Mod. 95 Art. 700. Le feuillet matriculaire dressé par le corps est remis, ainsi qu'un feuillet de punitions, à la compagnie dans laquelle l'homme arrivé a été placé, et sert à établir le livret.

Les documents constatant l'immatriculation, sont généralement indépendants des feuilles de route, dont l'objet, pour le corps, est de constater l'arrivée, et par suite la date de l'entrée en solde de station, fixée au lendemain de l'arrivée; sauf pour les engagés dans le lieu de la garnison, qui entrent ordinairement en solde le jour même de l'acte, attendu qu'aucune indemnité de route n'a pu leur être allouée. Art. 23.

La feuille de route doit être examinée, pour s'assurer s'il n'a pas été fait des avances, ou si des effets n'ont pas été délivrés sur les fonds de l'indemnité de route, afin que l'imputation puisse en être faite sur la masse, et que le remboursement au trésor en soit opéré. Elle est visée par les revues lors de la présentation de l'homme qui en est porteur. Art. 738. Art. 686 de l'ord.

L'incorporé doit être visité par le chirurgien. Dans le cas où il serait susceptible de réforme, il ne lui serait alloué qu'une première mise provisoire. Si au contraire l'homme est reconnu propre au service, la compagnie qui le reçoit dresse immédiatement les bons nécessaires pour l'habillement et l'équipement. Art. 220 de l'ord.

Les hommes du recrutement, qui sont dirigés sur les corps en détachement, reçoivent pour les journées de route, une solde qui est uniformément fixée par le tarif. Le jeune soldat ou le militaire qui a été désigné pour conduire le détachement, reçoit un contrôle nominatif, pour y inscrire les mutations, et une feuille de route sur laquelle sont inscrits les paiements effectués et les rations allouées. Le contrôle dont un double est envoyé au corps permet, à l'arrivée, d'établir le décompte, et le trésorier, officier payeur, ou commandant de la portion, règle avec le chef du détachement. Art. 356 et 440.

Les mandats ordonnancés pendant la route, sont portés au débit, parties prenantes isolées, et le corps est crédité des allocations constatées par les contrôles des jeunes soldats arrivés en détachement.

Il est fait recette ou dépense au journal de la différence entre le crédit et le débit.

Si le détachement a été conduit par un militaire étranger au corps, il est délivré à ce dernier, un certificat constatant qu'il a rendu les comptes de son détachement.

Les jeunes soldats destinés aux compagnies d'ouvriers qui, à l'arrivée, sont reconnus ne pas avoir l'aptitude nécessaire, mais ayant la taille pour le régiment d'artillerie, doivent être proposés à l'autorité maritime pour passer dans ce corps. Ceux qui, dirigés sur l'artillerie, n'ont pas la taille exigée, doivent également être proposés pour passer dans l'infanterie de marine. D. M. 18 Avril 1839.

Ce changement de corps ou d'arme, ne peut avoir lieu qu'après immatriculation, quel que soit le temps passé au corps pour juger de l'aptitude, et qu'après renvoi au recrutement du contrôle signalétique mentionnant l'incorporation. Art. 682 de l'ord. Manuel des pensions, p. 32.

Si pendant leur présence dans une compagnie d'ouvriers, ou au régiment d'artillerie, les jeunes soldats ne sont point équipés, un certificat constatant la non-allocation de la première mise, Art. 217 à 232 de l'ord. Mod. n° 13 avec modif.

et de la prime d'entretien, est joint aux pièces à envoyer, pour que le rappel puisse être fait dans le nouveau corps.

J. M. 23 Mars 1849 p. 192; 16 Juin 1858 p. 523; D. M. 20 Mars 1858. 7 Juin et 13 Août 1859.

Dans les troupes de la marine, les engagements volontaires ne peuvent être reçus qu'à Paris, sur les autorisations spéciales du ministre, et dans les cinq ports militaires, sur des certificats d'acceptation délivrés par les chefs de corps. Ces derniers certificats ne peuvent être délivrés, qu'après autorisation ministérielle. Tout engagement qui n'aurait pas été contracté dans les conditions indiquées, doit être signalé au ministre.

J. M. Décret du 13 Avr. 1860.

J. M. 23 Août 1847. p. 190.

Quand un homme se présente pour être admis à contracter un engagement volontaire, c'est-à-dire, pour obtenir le certificat d'acceptation qui ne doit être délivré qu'après autorisation du ministre ; on doit s'assurer s'il a la taille, l'aptitude, et par une visite du chirurgien, s'il réunit les autres conditions. Dans les armes spéciales, une constitution robuste et forte est particulièrement exigée. Sauf la tolérance pour certaines professions, une dispense de taille ne peut être accordée que par le ministre ; la dépêche portant autorisation, doit être relatée dans l'acte d'engagement, ou produite à l'appui de cet acte, pour être mentionnée sur la matricule.

Ord. du 28 Avril 1832.

C'est au moyen de ce certificat d'acceptation, appuyé de l'acte de naissance, du certificat de bonne vie et mœurs, et s'il y a lieu, du consentement des parents ou du tuteur, que l'acte d'engagement peut être dressé à la mairie.

Si l'homme qui se présente a déjà servi, on doit s'assurer par le titre de libération, si le certificat de bonne conduite lui a été délivré ou refusé.

J. M. 1er 1838. p. 119.

Le relevé des punitions peut être demandé à son ancien corps.

Art. 26 et 53 du Rég. du 9 Janv. 1856. M. n° 12.

Les pièces produites par un ancien militaire, pouvant rester à l'appui de l'acte d'engagement après libération, il est nécessaire d'en faire une copie conforme, pour justifier des services antérieurs et des droits aux allocations de la dotation de l'armée.

B. O. 2 Fév. 1855 p. 50 ; 19 Juin 1858. p. 621 et décision du port de Lorient.

Les engagements pour les troupes de la marine ne peuvent être reçus avant l'âge de 18 ans. Néanmoins, les enfants de troupe peuvent s'engager à 17 ans.

J. M. 3 Mai 1859 p. 268 et 23 Juin 1859 p. 466.

Les engagements volontaires de moins de 7 ans, après libération et avec primes, ne sont point reçus pour les troupes de la marine.

Chapitre XVII.

ENFANTS DE TROUPE.

Le décret du 22 mai 1858, rendu applicable aux troupes de la marine par la décision du 19 juin suivant, fixe le nombre des enfants de troupe, et règle sur de nouvelles bases les conditions de leur admission. J. M. 1er 1858 p. 407. B. O. 1858 p. 621 et 986.

C'est à ce décret qu'il convient de se reporter pour tout ce qui concerne ces enfants.

Le modèle d'état de proposition pour les places d'enfant de troupe est au journal militaire. J. M. 27 Mai 1858 p. 521.

Les enfants de troupe qui obtiennent des bourses dans les colléges, doivent être rayés des contrôles. B. O. 31 Mai 1855 p. 635

D'après l'article 17 du décret, les enfants de troupe peuvent s'engager à 17 ans, s'ils réunissent les autres conditions voulues.

Les enfants payés comme soldats reçoivent leur tunique et leur capote du chapitre 8, et les autres effets du chapitre 2. Les autres enfants reçoivent tous leurs effets d'habillement du chapitre 8.

Les enfants de troupe âgés de moins de 14 ans, reçoivent du corps, des effets de petit équipement pour une valeur qui ne peut excéder 18 fr. par an. J. M. 7 Oct. 1853 p. 259 et B. O. 14 Nov. 1853 p. 830.

Ces effets sont fournis au titre de la masse individuelle, en suivant les mêmes règles que pour les effets délivrés aux hommes; sauf remboursement par la masse d'entretien du corps. La valeur des effets ainsi distribués, est indiquée dans la colonne 15, seconde partie, de la feuille de décompte.

L'indemnité de 18 fr. pouvant ne pas être suffisante pour pourvoir les enfants des effets et objets qui leur sont nécessaires, il y est pourvu, dans le régiment d'artillerie, au moyen d'une retenue sur la solde fixée à 0,10c par jour, pour les enfants de troupe qui ne reçoivent point la prime d'entretien de la masse individuelle. Ordre du Colonel du Rég d'Art. du 27 Oct. 1857.

Cette retenue qui est exercée, soit que l'enfant réside encore avec ses parents, soit qu'il vive aux ordinaires du corps, a pour objet de lui former un fonds de masse qui est administré comme la masse individuelle. Seulement, ce fonds, au lieu de provenir d'une première mise allouée et de journées de prime d'entretien, comme pour les hommes, s'alimente par des recettes au titre de versements. Ces versements sont effectués d'après les prescriptions de l'ordonnance. Art. 724 § 2e Art. 725.

L'avoir, ainsi formé au moyen de la retenue exercée sur la

solde, doit pourvoir aux dépenses que l'excédant du prêt, et l'allocation de 18 fr. en effets, ne permettraient point de couvrir. Ces dépenses, lorsqu'elles sont rigoureusement reconnues indispensables, sont comprises pour la totalité, sur les états nominatifs concernant le paiement trimestriel des excédants de

Mod. n° 105 de l'ord. masse.

Quand cet avoir dépasse le complet réglementaire, l'excédant est toujours porté en dépense, mais au lieu d'être payé à l'enfant ou à sa famille, il est déposé à la caisse d'épargne par les soins de l'officier chargé des écoles. Ce même fonds de masse est entièrement porté en dépense, et également déposé à la caisse d'épargne, à l'époque où l'enfant reçoit de l'Etat la pre-

Art. 221 et 226. mière mise de petit équipement, et que par suite, il a droit comme les hommes, à la prime journalière d'entretien.

Si par un motif quelconque, l'enfant est rayé des contrôles, le fonds de masse provenant des retenues exercées, doit être payé à la famille.

Le livre de détail, le livret et la feuille de décompte, doivent présenter toutes les opérations de recettes et de dépenses qui sont identiques à celles de la masse individuelle.

En outre de ces inscriptions toutes réglementaires, le livret de l'enfant doit contenir, dans une seconde partie, le détail de l'emploi de la solde, tant pour les retenues au titre de la masse, que pour les menues dépenses. L'officier chargé des écoles, a l'administration des deniers des enfants de troupe, sous la surveillance et la direction du major.

A l'égard des enfants de troupe au dessus de 14 ans qui reçoivent les allocations de masse individuelle, il leur est fait sur la solde, une retenue de 0,05c par jour, et l'excédant de masse qui est porté en dépense, ne leur est point payé.

Ces deux retenues ainsi effectuées. sont versées tous, les trimestres, comme pour les autres enfants, à la caisse d'épargne, également par les soins de l'officier chargé des écoles, auquel les fonds sont remis mensuellement par les commandants de compagnie.

Les livrets de caisses d'épargnes sont déposés dans la caisse du trésorier ou de l'officier payeur.

Toutes ces mesures ont pour objet, d'assurer aux enfants de troupe du régiment d'artillerie, une tutelle prévoyante, et de leur donner des habitudes d'ordre et d'économie.

Chapitre XVIII.

RENSEIGNEMENTS CONCERNANT LES MILITAIRES PRÉSENTS.

Propositions diverses.

Toute proposition faite conformément aux règlements et aux époques voulues, doit être généralement accompagnée : — Inst. sur les inspections générales.

1° De l'état signalétique et des services ou du feuillet matriculaire;

2° Du relevé des punitions ou de la production du feuillet;

3° D'un état présentant l'avoir à la masse;

4° De la demande, du mémoire, etc., concernant la proposition.

Quand la demande a pour objet un changement de corps, le consentement du chef de ce corps est nécessaire. — B. O. 14 Déc. 1858 p. 986

Toute demande de rengagement est adressée par voie hiérarchique au chef de corps qui prononce. La faculté laissée à ce dernier de s'opposer au rengagement, ne peut plus s'exercer sans contrôle, et à l'égard des décorés et des titulaires de la médaille militaire, le refus de les admettre à se rengager, doit être soumis au ministre, qui prononce. — J. M. 19 Mars 1853 p. 179 et 30 Juil 1858 p. 65.

Les certificats d'aptitude pour rengagement, sont délivrés par le commandant du corps, et non par les chefs de détachements s'administrant séparément. Ils doivent indiquer le décompte du service effectif au jour où prendra date le rengagement. — J. M. 13 Av. 1849 p. 227.

Le recrutement des infirmiers doit être facilité. — B. O. 28 Mai 1858 p. 567

Les militaires qui n'ayant pas dépassé l'âge de 25 ans, auront accompli deux années de service effectif, avant le 1er janvier qui suivra l'époque du concours, peuvent se présenter pour les écoles Polytechnique et de Saint-Cyr. — J. M. déc. du 8 Mai 1858 p. 401

Les demandes ou réclamations doivent être faites par voie hiérarchique. — Ord. du 2 Nov. 1833. B. O. 7 Mai 1855 p. 243. D. M. du 26 Fév. 1857.

Autorité des officiers supérieurs d'artillerie, commandant plusieurs batteries détachées. — J. M. 5 Mars 1859 p. 64.

Voir pour les propositions de retraite, de réforme, etc, les chapitres spéciaux.

Il doit être donné avis au ministre des changements survenus dans la position des militaires qui sont l'objet d'une proposition quelconque. — J. M. 16 Juin 1835 p. 248

Certificats de présence sous les drapeaux. — Etats de services.

J.M. 18 Juin 1835 p. 249 et 23 Av. 1836 p. 299. Mod. 1er; 20 Juil. 1841 p. 68; B. O. 15 Sept 1857 p. 300.

Les certificats de présence sous les drapeaux ne peuvent être refusés, mais ils doivent être demandés légalement. Ces certificats sont signés par tous les membres du conseil d'administration.

Lorsqu'ils ont pour objet de procurer l'exemption au frère d'un militaire sous les drapeaux, la date ne peut être antérieure de plus de trois mois aux opérations du conseil de révision. Les corps doivent y avoir égard, dans les demandes formées par les militaires ou par les familles, pour ne pas être dans l'obligation d'en délivrer une 2e expédition.

J. M. 1er 1857 p. 300.

B. O. 25 Juin 1857 p. 540

A la guerre, les certificats de présence des militaires en congé de six mois renouvelable, sont délivrés par les commandants de recrutement ; mais comme les hommes de la marine dans cette position, ne sont pas inscrits sur les contrôles de la réserve, les corps ont à dresser ces certificats, en relatant le motif de l'absence.

J. M. 18 Juin 1835 p. 249

Art. 630 de l'ord.

Il appartient aux conseils d'administration, d'apprécier les motifs sur lesquels reposent les demandes qui leur sont adressées, pour obtenir des états de services.

Décr. du 16 Juin 1808, (manuel des pensions,) D. M. 16 Oct. 1847,

Demandes de mariage.

J. M. 17 Sept. 1843 p. 471. et 21 Août 1852. p. 126.

Les officiers qui désirent contracter mariage, doivent joindre à leur demande, un certificat de l'autorité civile, et l'extrait du projet de contrat relatant l'apport de la future.

J. M. 17 Juin 1847 p. 502.

Une modification peut être apportée aux conditions de fortune, lorsqu'un officier supérieur, ou un capitaine, demande l'autorisation d'épouser la fille d'un *officier membre de la légion d'honneur*.

J. M. 17 Sept. 1843 p. 471 (4 °2e §.)

Les demandes des officiers de troupe employés dans un service spécial, sans cesser d'appartenir à leur corps, sont accompagnées de l'avis motivé du chef de ce service.

B. O. p. 985 8e §

Par analogie, et d'après les prescriptions de la circulaire du 14 décembre 1858, la même mesure paraît devoir être suivie, à l'égard de la demande d'un officier qui fait partie d'une portion, autre que celle où réside le chef de corps. Ce dernier est appelé à donner son avis, avant la transmission de la demande de mariage, par l'autorité maritime du port où est employé l'officier.

Celui qui se trouve dans une position d'absence quelconque, et qui sollicite l'autorisation de contracter mariage, doit adresser les pièces à la portion de corps dont il compte. Ces pièces sont communiquées au colonel, et ce n'est qu'après avoir obtenu l'avis motivé du chef de corps, que les autres dispositions exigées doivent être suivies par les détachements.

Après approbation ministérielle, l'avis du mariage et l'extrait du contrat, doivent être adressés dans le délai d'un mois.

J. M. 3 Juil. 1840 p. 9 et 19 Avril 1844. p. 238.

Les demandes formées par les sous-officiers et soldats, doivent être adressées au conseil d'administration central, avec les pièces propres à justifier, l'âge, la moralité, la position et l'apport de la future.

J. M. 6 Sept. 1843 p. 211 et 2 Fév. 1845. p. 31. D. du 19 Juil. 1853.

Avancement, Cassation et rétrogradation.

Les canonniers passent à la première classe d'après leur rang d'ancienneté, et après six mois de présence au régiment, en faisant compter s'il y a lieu, pour cette ancienneté, leurs services antérieurs dans d'autres corps ; à égalité de service, le rang se règle d'après la date de la naissance.

J. M. 19 Fév. 1843 p. 67 D. M. du 8 Sept. 1845,

Un canonnier cassé de la première classe, peut être remis à cette classe, après six mois comme second canonnier, par le chef du corps, et sur proposition spéciale.

D. M. du 6 Oct. 1847.

La première classe peut être conservée aux hommes qui, étant en congé provisoire, obtiennent d'être réintégrés au corps.

J. M. 9 Juin 1836 4e § p. 422.

L'article 24 de l'ordonnance du 16 mars 1838 est applicable aux militaires gradés réadmis au corps ; mais les grenadiers, voltigeurs et soldats de 1re classe, qui rentrent ultérieurement au service après l'avoir quitté par la libération ou autrement, ne peuvent être replacés dans leur position précédente, qu'après avoir de nouveau rempli les conditions de durée de service déterminées par l'article 11 de l'ordonnance du 16 Mars 1838.

J. M. 19 Juin 1839. p. 344.
J. M. 27 Juin 1840 p. 268.

Les artificiers dans le régiment, et les maîtres ouvriers dans les compagnies d'ouvriers, n'étant point reçus lors de la nomination à ces emplois, entrent en solde comme les premiers canonniers, du jour de la nomination faite par le chef du corps. Toutefois la rétrogradation volontaire de ces militaires, est soumise aux mêmes règles que celles suivies pour la rétrogradation des sous-officiers et des caporaux, c'est-à-dire, qu'elle doit être approuvée.

Art. 11 3e § de l'ord. Décis. du port de Lorient du 13 Mars 1856.
J. M. 6 Sept. 1843 p. 210 et et 10 juin 1853 p. 776.

Les sous-officiers et les caporaux ne peuvent être cassés avant jugement, mais après condamnation judiciaire, ils redescendent au rang de simple soldat, dès que le corps est informé officiellement de la condamnation, si la peine est plus grave que celle de trois mois de prison ; dans le cas contraire le ministre prononce.

J. M. 25 Mars 1838 p. 163
J. M. 8 Sept. 1834 p. 127 et 11 Mai 1853 p. 246.

Les Légionnaires et les décorés de la Médaille militaire, ne peuvent être cassés sans autorisation du ministre.

J. M. 29 Fév. 1856 p. 261

Les actes de naissance des caporaux nommés au grade de sous-officier, doivent être déposés aux archives du corps à l'époque de la promotion.

Inst. sur les inspections générales.

Ils sont demandés par les corps à MM. les procureurs impériaux, en adressant le montant du coût d'expédition et de légalisation, sur papier libre.

J. M. 26 Sept. 1839 p. 304

Ordon. du 16 Mars 1838

Les connaissances administratives exigées pour l'avancement sont :

Art. 15 et 240.

Pour l'emploi de fourrier ou le grade de sergent, connaître les éléments de la comptabilité d'une compagnie ;

Art. 15.

Pour l'emploi de sergent-major, connaître les détails de la comptabilité d'une compagnie.

B. O. 13 Oct. 1848 p. 444

Programme des connaissances exigées des sous-officiers d'artillerie de la marine, pour le grade de Sous-Lieutenant.

Art. 242 et 243 de l'ord. du 16 Mars 1838.

1re Partie. — Tableau A.

(1) Et non des *sous-officiers*. Modification indiquée par la dép. du 26 Déc. 1854.

	Coefficients des parties
Manœuvre d'infanterie.	3
Théories sur les devoirs *des officiers* pour le service. (1) — intérieur	1
— de place	1
— de campagne	1
Service et connaissance des bouches à feu de campagne, de montagne, de siège, de côte et de marine	5
Manœuvres de chèvre, de force, de campagne, de siège et de marine	3
Construction des batteries, confection des fascinages, claies, saucissons, sacs à terre, gazonnage	4
Confection des cartouches d'infanterie, à boulets et à balles, des gargousses et des paquets de mitrailles ; la nomenclature et le chargement des projectiles creux et des caissons ; le calibrage des projectiles	3
Instruction spéciale sur la comptabilité d'une compagnie détachée et l'administration d'un corps	4
Capacité	5
Analyse grammaticale (D. M. du 7 Mai 1859.)	3
Orthographe	4

2e Partie. — Tableau B.

Arithmétique, y compris les logarithmes et le calcul des piles de projectiles	5
Géométrie	5
Trigonométrie	5
Eléments de fortifications passagère et permanente	5
Théorie du pointage	4
Dessin linéaire appliqué aux machines et attirails de l'artillerie	4
Lever des plans topographiques	3
Composition française	5
Capacité	5

Connaissances supplémentaires dont ils font preuve.	Algèbre	3
	Statique	3
	Géométrie descriptive	2

Il est tenu compte aux candidats des connaissances accessoires qu'ils possèdent.

Changement de compagnie dans la même portion de corps.

Le livre de détail et le livret de l'homme passant dans une autre compagnie, sont arrêtés, et l'inscription du livret sert à porter l'avoir ou le débet de la masse, sur la feuille de décompte et sur le livre de détail de la compagnie, dans laquelle le militaire est admis dans la même portion. Toutes les inscriptions relatives à ce passage sont immédiatement effectuées, et les mutations relatent les Nos des contrôles annuels des deux compagnies. Art. 41, 424 et 481.

Si les masses, ainsi passées ou venues, étaient erronées, il devrait en être donné avis dès la vérification.

Quand le passage a eu lieu dans les premiers jours d'un trimestre et avant le paiement du décompte, le militaire venu est porté, s'il y a lieu, sur l'état des excédants à payer, mais des états expliquent les différences entre le décompte réellement payé et celui qui était indiqué pour mémoire, sur les feuilles de masse.

Chapitre XIX.

Voir l'ord. de 1847 et les mod. au chap. VIII.

MILITAIRES QUITTANT LA POSITION DE PRÉSENCE ET VOYAGEANT ISOLÉMENT. PERMISSIONS, CONGÉS, EAUX THERMALES. RENTRÉE AU CORPS.

Les comptes de tout militaire qui s'absente, sont arrêtés au jour exclu de la mutation qui le concerne.

Art. 740, 741. Inst. du 8 Nov. 1847. — Les armes et les effets qui doivent être réintégrés en magasin sont visités, et la valeur des pertes ou dégradations est imputée à la masse.

Art. 727. — L'excédant de masse est payé à tout militaire allant en congé de convalescence ou illimité.

J. M. 14 Juin 1858 p. 533 et B. O. 29 Juil. 1858 p. 749. — Les sous-officiers allant en permission ou en congé temporaire emportent leur sabre, à l'exception de ceux qui sont susceptibles d'être libérés. Les caporaux et soldats n'emportent d'armes dans aucun cas.

J. M. 10 Mai 1842 p 255 — L'homme est visité avant le départ, et la feuille de route ou un certificat constate son état.

B. O. 12 Janv. 1856 p. 9 voir le mod. B.O.2e 1859 p. 136. — La feuille de route est délivrée par les soins du bureau des revues, sur le vu du titre qui motive le départ, ou sur la demande du corps. Si le départ est motivé par le passage dans un corps de l'armée de terre, la feuille de route est délivrée par l'intendance militaire.

Si le militaire ne doit point recevoir l'indemnité de route, le chef de corps doit s'assurer s'il a les moyens nécessaires pour se rendre à sa destination.

J. M. 24 Mars 1843 p. 119 — Les congés et permissions ne peuvent être délivrés pour les départements de la Seine et de Seine-et-Oise, sans autorisation du ministre, à moins qu'il ne soit justifié du domicile habituel dans l'un de ces départements.

B.O 26 Nov. 1852 p. 695 — Les militaires qui sortent de l'hôpital pour aller en convalescence, peuvent obtenir de l'autorité locale, la concession de l'indemnité de route pour se rendre chez eux. Dans ce cas, l'indemnité n'est point due pour le retour. Si un certificat constate que des moyens de transport sont nécessaires, les coupons de convoi sont délivrés par l'intendance militaire, sur la demande des revues.

J. M. 3 Juil. 1855 p. 102 — Les congés, de quelque nature qu'ils soient, doivent indiquer la date précise de la libération.

J. M. 2e 1837. — L'ordonnance du 20 décembre 1837, sur les frais de route, quoique encore en vigueur, a subi de nombreuses modifications, notamment en ce qui concerne les tarifs de l'indemnité de route,

Ces tarifs, par l'adoption des voies ferrées, ont été modifiés par le décret du 15 juin 1853 et par la décision du 11 juin 1858. C'est à cette dernière décision qu'il faut se reporter, excepté pour les chemins de fer de l'Est, le seul réseau qui ne fait encore remise aux militaires que de la moitié au lieu des trois quarts, pour une certaine partie de son parcours. Voir pour ce dernier réseau, la note du 23 décembre 1858.

J. M. 1er 1853 p. 495.
J. M. 1er 1858 p. 537.
J. M. 2e 1858 p. 559.

Le livret ou état des distances, qui accompagne le tarif des frais de route pour les officiers mariniers et marins, est applicable aux officiers des corps de troupe de la marine voyageant par les voies rapides. L'ancien mode des indemnités de route, par étapes ou journées de marche, n'est applicable, comme au département de la guerre, qu'aux sous-officiers et soldats.

B. O. 27 Juil. 1859 p. 129 et 24 Jan. 1860 p. 49

La mesure de la distance sert de base à l'allocation de l'indemnité, payée d'après le nombre de journées passées en route, à raison de 112 kilom. pour les diligences et bateaux à vapeur et de 384 kilom. pour les chemins de fer. En outre du délai de tolérance, eu égard au parcours, un sursis d'arrivée de 15 jours au plus, peut être accordé aux officiers. Ce sursis doit être accordé avant le départ, pour qu'il puisse donner droit à la solde de présence.

J. M. 28 Juin 1853 p. 880

Les officiers de tous grades et assimilés, sont seuls admis à voyager à prix réduit, dans les voitures de 1re classe.

Tout militaire ou marin voyageant isolément sur les chemins de fer, est autorisé à faire transporter à prix réduit, en sus des 30 kilog. alloués en franchise, un excédant de bagage qui est de 70 kilog. pour les sous-officiers et soldats ; de 200 kilog. pour les officiers jusqu'au grade de capitaine, et de 300 kilog. pour les officiers supérieurs ou généraux.

B.O. 18 Janv. 1860 p. 12
J. M. 6 Fév. 1860 p. 63, portait envoi de l'Instr. du 31 Déc. 1859 relative aux transports à prix réduits.

Les demandes de prolongation de congé, ou de permissions temporaires d'absence, à titre d'affaires personnelles, formées par les officiers en séjour dans l'intérieur de l'Empire, doivent être adressées aux généraux divisionnaires pour être transmises au fonctionnaire maritime qui a délivré ou fait délivrer le premier titre d'absence. Ce dernier propose au ministre de la marine, soit la concession, soit le rejet de la prolongation.

B. O. 6 Juin 1857 p. 491

Les généraux divisionnaires délivrent directement les congés de convalescence et prolongation de ces mêmes congés, et ils établissent des propositions individuelles de prolongation et les transmettent au ministre de la marine avec leur avis, pour les hommes porteurs de congés temporaires ou de permission d'absence.

B. O. 10 Fév. 1860 p. 10

Tout militaire en congé ou en permission, ne peut changer de résidence sans autorisation.

J. M. 6 Fév. 1857 p. 74.

Les corps doivent s'assurer de ce que sont devenus les militaires absents, disparus, déserteurs, ou qui ne rejoignent pas à l'expiration d'un congé.

J. M. 16 Fév. et 16 Sept. 1847 p. 89 et 480 et 11 Juin 1854 p. 1027.
B. O. 24 Sept 1857 p. 799.

Les avis à envoyer aux corps, concernant les hommes sortant des hôpitaux militaires ou des hospices civils pour aller en con-

J. M. 17 janv. 1860 p. 10.

valescence, doivent indiquer la durée des congés et les lieux où se rendent les militaires.

J. M. 16 Juin 1856 p. 12 et B. O. 30 Déc. 1856 p. 312.

Dans le cas de congé ou de permission des militaires rengagés, les portions de prime peuvent être soldées, après leur arrivée dans leurs foyers.

J. M. 9 Mars 1860 p. 140.

Les militaires appelés en témoignage peuvent être transportés par les voies rapides.

Eaux thermales.

B. O. 10 Juin 1853 p. 545.
B. O. 29 Avril 1856 p. 387.

Les officiers désignés pour aller faire usage des eaux thermales ont droit à l'indemnité de route pour l'aller et le retour, et à la solde de présence pendant deux mois. Ceux qui ne sont pas officiers supérieurs sont hospitalisés et supportent sur leur solde la retenue réglementaire.

B. O. 1er Juin 1858 p. 575.

Les officiers supérieurs n'ont pas droit à la gratuité des eaux dans les établissements thermaux.

Art. 171 de l'ordonn.

L'indemnité de logement est allouée aux officiers qui, pendant leur séjour aux eaux, ne sont pas hospitalisés.

J. M. 1er 1857 p. 211, 2e 1858 p. 567 et 1er 1859 p. 165. B. O. 3 Avril 1857 p. 226 et 257.

Les dispositions relatives aux eaux thermales sont déterminées par l'instruction du 6 Mars 1857, modifiée le 21 avril 1859, et par la décision du 20 décembre 1858.

J. M. 12 Janv. 1860 p. 29

Pendant la période d'hiver, des militaires malades peuvent être admis à l'hôpital thermal d'Amélie-les-bains.

B. O. 1er Avril 1858 p. 173.

Le certificat individuel, qui est joint à la demande de congé, est remis au militaire qui doit aller faire usage des eaux.

D. M. de la Guerre du 23 Juin 1847.

Les sous-officiers et soldats envoyés à Barèges, doivent emporter la capote.

Rentrée au corps.

Art. 45, 89, 94 de l'ordonnance.
Art. 92, 95, 368 et 738 de l'ordonnance.

Ainsi qu'on l'a dit pour les hommes incorporés, les titres et feuilles de route des militaires qui rentrent au corps, doivent être également examinés, pour reconnaître si les limites n'ont point été dépassées, et si des paiements, fournitures ou imputations n'ont point été effectués,

B. O. 11 Mars et 6 Mai 1850 p. 208, 310 et 319.
D. M. 23 Janv. 1850.

Toute absence légale ne peut donner droit à un rappel de la prime d'entretien pendant plus de trois mois, et la prolongation de congé au delà de six mois ne donne lieu à aucune solde.

Art. 104 et 213 de l'ord. Page 35, dernier § du manuel.
J. M. 23 Mars 1860 p. 35.

Le rappel de solde est acquis à un militaire qui rentre au corps à sa sortie de l'hôpital, dans une période de temps qui n'excède pas le nombre de jours qui restait à courir sur la durée du congé au moment de l'admission à l'hôpital.

Art. 725 de l'ordonn.

Le paiement de la solde doit être précédé d'une revue des effets d'habillement et de petit équipement rapportés par l'homme pour que la masse ne puisse être obérée. Le rappel de solde n'étant effectué que s'il produit un certificat de bonne conduite, il est nécessaire que le militaire soit prévenu avant le départ du corps de cette disposition réglementaire.

Ord. du 20 Déc. 1837.

Tout rappel ou paiement au titre de l'indemnité de route a lieu par les soins des revues.

Chapitre XX.

MILITAIRES PASSANT D'UNE PORTION DE CORPS A UNE AUTRE, OU RENTRANT ISOLÉMENT DES COLONIES OU D'UNE EXPÉDITION.

Art. 41, et 424 de l'ord.

Toute mutation d'un homme rayé de l'effectif d'une portion du corps, pour passer dans une autre dont l'administration est distincte, exige l'envoi immédiat : *des feuillets matriculaire et de punitions ; de l'état des dernières époques d'habillement et du numérotage de l'armement et du grand équipement ;* de l'extrait *du livre de détail*, et, s'il y a lieu, *de celui du contrôle de la dotation.*

Dans le cas où, par suite de vérification, l'avoir indiqué par l'extrait du livre de détail, serait erroné, un bulletin de rectification devrait être immédiatement réclamé ou envoyé.

Le même envoi est fait pour les artilleurs qui sont détachés à l'Ecole de Pyrotechnie, bien que ces militaires ne cessent point de compter à leurs compagnies.

Art. 367 de l'ordonn.

Quand des hommes isolés, rentrent des colonies en France, les portions de corps auxquelles ils appartiennent, doivent faire parvenir les mêmes documents, soit à la portion stationnée au port de débarquement, soit au dépôt; que ces militaires aient été ou non rayés de l'effectif.

Les détachements d'outre-mer, doivent également envoyer, s'il y a lieu, les pièces ou certificats qui ont motivé le renvoi en France, pour servir à justifier les propositions de réforme, de retraite, etc., dont les militaires pourraient être l'objet.

Cons. le manuel des pens. et l'ord. du 26 Janvier 1832 pour les jutificat. exigées.

Les portions de corps qui reçoivent ces documents, concernant des militaires rentrés en France et placés en subsistance, opèrent à l'égard de ces militaires comme s'ils comptaient à leur effectif. Au besoin, des instructions ou des renseignements seraient demandés au dépôt.

Les hommes du régiment d'artillerie, ainsi rentrés et envoyés en convalescence, doivent rejoindre le port de Lorient, et cette prescription doit être indiquée sur le congé. Pendant le temps de l'absence, ces militaires sont portés sur les contrôles de la compagnie de dépôt, et les pièces sont envoyées au conseil central.

Les militaires rentrés des colonies avec des congés de convalescence, doivent être examinés. Ils reçoivent l'indemnité de route pour l'aller et le retour.

D.M. des 14 Sept. 1840 et 4 Juillet 1846.

Dans le cas où un militaire rentrant en France, décéderait

Art. 246 et 625 du décret du 15 Août 1851. B. O. p. 463. Circ. du 31 Déc. 1832.

6

pendant la traversée, la portion de corps du port d'arrivée du navire, transmettrait au dépôt les pièces reçues, ainsi que l'avis de décès, et les renseignements sur la succession qu'elle aurait dû réclamer de l'administration de la marine.

B. O. 19 Avril 1856 p. 347. — Les officiers d'infanterie de marine qui quittent des emplois d'état-major dans les colonies, doivent être immédiatement renvoyés en France.

B. O. 2 Avr. 1859 p. 220. — Les tirailleurs sénégalais qui rentrent en France en convalescence, sont placés en subsistance dans les régiments de la marine, les plus rapprochés des ports de débarquement.

Au régiment d'artillerie, les armes et le grand équipement ne sont jamais emportés des colonies à moins d'ordre contraire. Les schakos et les trompettes ne suivent les hommes que dans le cas où la compagnie ou section rentrerait en France.

Les sous-officiers et les caporaux rentrant isolément, laissent aussi leurs théories et réglements.

Dans le cas de départ d'une compagnie, les militaires retenus pour une cause quelconque, doivent être placés en subsistance à la portion de corps, en attendant qu'ils puissent rejoindre; et leurs comptes sont arrêtés au jour de la mise en route, comme passant d'une portion de corps à une autre.

Art. 728 de l'ord. Modèle 107. — Dans les colonies, les comptes des militaires qui sortent de l'hôpital pour rentrer en France, doivent être réglés au jour de l'embarquement. Si le livret dont l'homme est porteur n'a pu être mis en concordance avec le livre de détail, l'extrait doit le faire connaître, pour que le rappel de la prime, celui de la solde, etc., ne comprennent que la période à partir du jour du départ de la colonie.

Art. 367 de l'ord. — Quelle que soit la portion du régiment dans laquelle se trouve un militaire du corps, la prime d'entretien doit être allouée en même temps que la solde. Ce n'est que pour les hommes d'un autre corps placés en subsistance, que le rappel de prime s'effectue au retour, sur la production du certificat N° 13.

Chapitre XXI.

CONGÉS DE SIX MOIS RENOUVELABLES.

Au département de la Guerre, les hommes qui depuis leur admission dans l'armée, se trouvaient dans l'un des cas d'exemption, prévu par l'article 13 de la loi du 21 mars 1832, et ceux qui justifiaient également, être les soutiens indispensables de leur famille, pouvaient recevoir des congés, après deux ans de présence sous les drapeaux. Ces militaires étaient rayés des contrôles des corps, pour être inscrits sur ceux de la réserve. D'après la décision du 8 février 1860, il ne doit plus être délivré de congés de *soutiens de famille*, quelle que soit la classe à laquelle les militaires appartiennent.

J. M. 19 Mars 1851 p. 105 ; mod. n° 5 du 21 Sept. 1830 p. 207; 14 Janvier et 8 Févr. 1860, p. 8 et 85.

Dans la marine, les militaires qui reçoivent des congés au même titre, ne sont point portés sur les contrôles de la réserve. Le renouvellement des congés est fait d'office par les généraux divisionnaires.

B. O. 25 Juin 1857 p. 540 et 10 Févr. 1860 p. 137.
J. M. 15 Sept. 1859 p. 245 et 3 Mars 1860 p. 108.

Par suite de cette distinction établie, entre les hommes de la marine et ceux de l'armée de terre, les feuillets matriculaires ne sont point envoyés au recrutement, et le certificat de bonne conduite n'est délivré qu'à la libération. Les militaires en congés de six mois renouvelables, sont inscrits sur le Registre spécial tenu par le dépôt du corps, et les sous-officiers et soldats de 1re classe, sont remplacés dans les cadres.

Mod. n° 21 de l'ord.
B. O. 24 Févr. 1857 p. 152.

Les détachements doivent donner à la portion centrale, tous les renseignements propres à l'inscription des militaires sur le registre spécial.

Mod. 21 de l'ord.

Le débet à la masse des militaires en congés de six mois renouvelables, doit figurer comme l'avoir, sur la feuille de décompte spéciale.

J. M. 29 Nov. 1858, p. 549.

Les certificats à l'appui des demandes de congé, ne sont pas remis aux militaires qu'elles concernent, que les demandes aient été ou non accueillies.

B. O. 27 Avril 1858, p. 283.

Les remplaçants sont exclus des congés de six mois renouvelables. Ces mêmes congés ne sont point accordés aux militaires rengagés ou engagés, dans les conditions de la loi du 26 Avril 1855.

J. M. 30 Oct. 1856, p. 334.

Les autorisations de mariage, pour les militaires de la marine en congés de six mois renouvelables, sont données par le général divisionnaire, à ceux qui sont dans leur dernière année de service; pour les autres, elles sont données par le Ministre de la guerre.

B. O. 10 Févr. 1860, p. 137.

Dans le cas de rappel sous les drapeaux, des militaires dans la réserve, ou rayés des contrôles des troupes de la marine, ces militaires sont remis en possession, à leur rentrée au corps, de leur grade ou de leur classe, et à défaut de vacances, placés à la suite.

Art. 23 de l'ord. du 16 Mars 1838. Circ. M. de la guerre du 21 Avril 1859 et de la marine du 17 Mai 1859.

Chapitre XXII.

B. O. 1856, p. 177.

RENGAGEMENTS; ENGAGEMENTS APRÈS LIBÉRATION; DOTATION DE L'ARMÉE.

Dép. M. 29 Avr. 1856.

La loi du 26 avril 1855, n'est pas applicable aux anciens militaires qui reprennent du service, plus d'un an après leur libération.

Dép. M. 20 Mars 1858.

Les engagements volontaires après libération, ne peuvent être reçus que dans l'un des cinq ports, chefs-lieux d'arrondissement, et avec autorisation du Ministre. Aucun acte d'engagement ou de rengagement qui ne serait pas contracté dans ces conditions, ne pourrait être accepté par l'autorité maritime, et avis devrait en être donné au Ministre.

Dép. M. de la guerre des 17 Mai et 24 Juin 1856 et B. O. 30 Déc. 1856, p. 1308.

Les remplaçants dont le temps de service expire, avant d'être entrés dans la 7e année de service, ne peuvent se rengager que dans les conditions de la loi du 21 mars 1832. Ceux qui sont libérés depuis moins d'une année, et qui ont moins de 7 ans de service, ne peuvent également s'engager que d'après la loi de 1832, c'est-à-dire, sans avoir droit à la prime et à la haute paie de la dotation.

Les militaires qui ont des services antérieurs comptant pour la retraite, mais effectués sans avoir été liés au service par la loi du 21 mars 1832, ne comptent point ces services antérieurs pour la prime et la haute paie. Les services accomplis comme inscrit maritime, ne peuvent être compris dans les décomptes des droits acquis aux allocations de la dotation.

B. O. 23 Juin 1859, p. 335.

B. O. 19 Juin et 5 Juil. 1856 p. 586 et 587 et 26 Fév. 1859 p. 164.

Les gendarmes peuvent s'engager ou se rengager dans les conditions de la loi du 26 avril 1855, mais les interruptions dans le service légal, ne sont point comptées, quand bien même cette interruption comprendrait un service, qui aurait été fait en vertu de commissions ministérielles.

Les remplaçants qui sont retenus sous les drapeaux, à l'expiration de leur temps de service n'ont droit à la haute paie des chevrons, qu'à partir de l'époque à laquelle ils ont atteint sept ans de service, tandis que pour les jeunes soldats et les substituants, la haute paie d'un chevron est acquise du 1er janvier.

Circ. d'envoi de l'ord. du 22 Juin 1847 et art. 138; J. M. 1er 1856 p. 6.

Art. 45 du règl. Dép. M. 3 Avril 1860.

La haute paie de la dotation ne peut être allouée, qu'après rengagement contracté et les 7 années de services accomplis. Si pour une cause quelconque, le rengagement n'a pu s'effectuer dans la dernière année du service obligé, il prend date du jour où la libération aurait dû avoir lieu; le paiement de la prime s'effectue d'après l'allocation qui était en vigueur à cette dernière date, et le rappel de la haute paie est de droit. Ainsi un militaire retenu au service au-delà du temps légal, et qui ne se rengage point, a droit, après 7 ans de service, à la haute paie du chevron, et non à celle de la dotation.

Les engagés volontaires pour 7 ans, ne peuvent se rengager que dans la dernière année de leur service.

B. O. 3 Juillet 1856, p. 584.

Les militaires qui sont aux colonies, et qui ont droit à la double haute paie des chevrons, ne cessent d'avoir droit à cette double haute paie, que du jour de l'embarquement pour rentrer en France. Cette allocation n'est point réduite, quand l'embarquement dans les colonies a pour objet, de se rendre d'un point à un autre des possessions d'outre-mer.

Art. 150, tarif nº 12 de l'ord, D. M. (Martinique) 21 Sept. 1838.

J. M. 4 Mai 1832. p. 369.

Rien ne doit s'opposer dans l'intérêt de l'armée, à ce qu'un militaire puisse contracter un rengagement, pour servir dans un autre corps que le sien, puisqu'il ne peut être admis dans ce corps, que du consentement de celui qui le commande. Le militaire ainsi rengagé, est dirigé sur son nouveau corps, le jour où il aurait été congédié, si un rengagement n'avait pas été contracté. Celui qui était en congé, est immédiatement mis en route.

Le rengagement pour l'armée de terre, d'un militaire appartenant à la marine, est reçu par le sous-intendant militaire; celui pour l'un des corps de la marine, contracté par un militaire du département de la Guerre, est reçu par le commissaire aux revues.

J. M. 23 Juin 1859, p. 466.

Le décret du 3 mai 1859, relatif à des engagements volontaires de 3 à 7 ans, après libération, n'est pas applicable à la marine.

B. O. 1856, p. 177.

L'instruction du 26 janvier 1856 indique, Nº 11, que les fractions d'années pour les allocations de la prime, doivent être décomptées suivant les règles adoptées au département de la Guerre, pour la liquidation des pensions de retraite. Les décomptes se font au bénéfice des militaires engagés ou rengagés. Le tableau suivant présente le chiffre des annuités, ou des demi-annuités, qui doit servir de base, eu égard au temps de service accompli au jour où date l'engagement ou le rengagement.

SERVICES ACCOMPLIS.									Nombre d'annuités à allouer.	
		ans.	mois.	jours.		ans.	mois.	jours.		
De plus	de	6 ans			jusqu'à	7	5	14	7	»
	de	7	5	15,	à	8	0	14	6	1/2
	de	8	0	15,	à	8	5	14	6	»
	de	8	5	15,	à	9	0	14	5	1/2
	de	9	0	15,	à	9	5	14	5	»
	de	9	5	15,	à	10	0	14	4	1/2
	de	10	0	15,	à	10	5	14	4	»
	de	10	5	15,	à	11	0	14	3	1/2
	de	11	0	15,	à	11	5	14	3	»
	de	11	5	15,	à	12	0	14	2	1/2
	de	12	0	15,	à	12	5	14	2	»
	de	12	5	15,	à	13	0	14	1	1/2
	de	13	0	15,	à	13	5	14	1	»
	de	13	5	15,	à	13	11	14	0	1/2
	de	13	11	15,	à	25				»

Il est cependant à remarquer, que les décomptes des services pour la prime et pour les hautes paies, n'ont pas la même base que ceux pour la retraite. Ces derniers ne comptent, pour tous les militaires, que de la date de l'incorporation ou de la mise en route, tandis que pour la dotation, les services comptent du 1er janvier pour les jeunes soldats et les substituants, et de la date de l'acte pour les remplaçants. Cette règle pour les allocations est, du reste, celle qui est prescrite pour la haute paie d'ancienneté, et l'homme qui a droit à un chevron, par exemple, peut n'avoir que quatre ou cinq années de services donnant droit à la retraite, si la classe dont il fait partie n'a été mise en activité que deux ou trois ans après l'appel du contingent.

Manuel des pensions p. 32.

Art. 138 de l'ordonn.

Il est important d'avoir égard à cette remarque, qu'il s'agisse soit d'un réglement de pension, soit d'allocations au titre de la solde ou à celui de la dotation de l'armée. Ainsi, un jeune soldat d'une classe dont tout le contingent n'aurait pas été appelé, et qui étant resté dans ses foyers aurait été congédié dans la réserve, a droit s'il contracte ensuite un engagement, à la haute paie d'un chevron, comme ayant sept ans de service. Si l'engagement a eu lieu dans l'année de la libération, le même militaire a droit à la prime et à la haute paie de la dotation. Toutefois, comme le service pour la retraite ne compte que du jour de la mise en activité, les 7 années passées dans la réserve, sans avoir été appelé, ne peuvent être décomptées pour la pension d'ancienneté.

J. M. 25 Mai 1855 p. 487.

Voir chap. XXIX du manuel.

Il importe également d'établir une distinction, entre la haute paie journalière d'ancienneté, allouée par les revues et fixée par le tarif n° 12, et celle qui est acquise aux militaires d'après les prescriptions de la loi du 26 avril 1855. La première suit les règles tracées pour la solde, et celle de la dotation ne subit de modifications dans sa fixation, qu'en raison du nombre d'années de service; c'est-à-dire qu'elle est de 0,10 de 7 à 14 ans et de 0,20 après quatorze ans de service.

Art. 137 à 149 de l'ord.

Art. 12 de la loi.

Cette haute paie de rengagement, se solde en même temps que le prêt, mais toujours à terme échu et sur feuille de dépense.

Mod. B. de l'Instr. du 26 Janv. 1856 n° 1.

S'il y a lieu, les feuilles sont totalisées par un bordereau.

Les portions de la prime de rengagement, ou d'engagement après libération, se paient sur feuilles individuelles portant quittance. Ces feuilles devant être jointes au bordereau récapitulatif, pour le remboursement des avances faites au compte de la dotation, il est nécessaire qu'un double ou extrait, portant également quittance, soit dressé pour être mis à l'appui des dépenses du corps.

Mod. n° 1 B. O. 30 Déc. 1856 p. 314.

La fixation de la prime est l'objet, tous les ans, d'un arrêté du ministre de la Guerre.

Art. 14, 16 et 17 de la loi du 26 Avril 1855. Art. 28 du régl. n° 5 de l'instruction. J. M. 16 Août 1859 p. 186.

Il y a donc lieu de consulter le bulletin officiel de la marine, et à défaut, le journal militaire, pour connaître le taux en vigueur. Les fixations arrêtées depuis 1855, pour la prime et pour l'exonération du service, sont indiquées ci-après, ainsi que la part proportionnelle à décompter dans les cas de mutations.

Voir Chap. XXIII et XXVIII du manuel.

	DATES des ARRÊTÉS.	POUR SEPT ANS							POUR MOINS DE SEPT ANS ET PAR ANNUITÉ.						EXONÉRATION	
		Allocation totale.	Payable par portions.			Part proportionnelle de l'allocation totale.			Allocation totale	payable par portions.			Part proportionnelle de l'allocation totale par jour.		du contingent de la classe.	par an pour les militaires sous les drapeaux.
			1re	2e	3e	par an.	par jour 365e.	366e		1re	2e	3e	365e	366e		
J.M. 1er 1855 p. 420.	27 Avril 1855.	f. 1000,»	100,»	200,»	700,»	142,8571	0,39139	0,39032	100,»	»	»	100,»	0,27397	0,27322	»	»
J.M 2e 1855 p. 81.	14 Juil. 1855.	2300,»	700,»	300,»	1300,»	328,5714	0,90020	0,89774	230,»	100,»	30,»	100,»	0,68014	0,62842	»	»
J.M. 2e 1855 p. 451.	28 Déc. 1855.														2800,»	500,»
J.M. 1er 1856 p. 593.	18 Juin 1856.	1500,»	200,»	300,»	1000,»	214,2857	0,58708	0,58548	150,»	25,»	25,»	100,»	0,41096	0,40984	»	500,»
J.M. 1er 1857 p. 7.	6 Janv. 1857.														2000,»	350,»
J.M. 1er 1858 p. 28.	3 Fév. 1858.														1800,»	350,»
J.M. 1er 1859 p. 51.	15 Fév. 1859.	1800,»	500,»	300,»	1000,»	257,1428	0.70450	0,70258	180,»	50,»	30,»	100,»	0,49315	0,49180	2000,»	400,»
J.M. 1er 1859 p. 211.	30 Avril 1859.	2000,»	1000,»	»	1000,»	285,7143	0,78278	0,78064	280,»	140,»	»	140,»	0,76712	0,76503	»	»
J.M. 1er 1860 p.	1er Mai 1860.														2300,»	500,»

Art. 26 du réglement.

La 1re portion de la prime, pour engagement après libération, devant être payée au lieu de l'engagement, par les soins du sous-intendant militaire, à défaut, le corps ne doit payer cette portion de prime qu'après s'être assuré, par la réception de l'acte, qu'aucun paiement n'a été effectué, et qu'après justification des services antérieurs légalement décomptés.

J. M. 31 Juil. 1859 p. 47.

Des permissions de 6 à 9 mois, peuvent être accordées aux militaires rengagés.

J. M. 16 Juillet 1856 p. 13 et B. O. 30 Déc. 1856 p. 1308.

Les rengagés, envoyés en permission ou en congé, peuvent recevoir dans leurs foyers, les portions de la prime.

J. M. 15 Mai 1858 p. 400 ; 28 Août 1858 p. 301 ; B. O. 1857 p. 549 et 30 Juin 1857 p. 544.

Les remplaçants et les engagés et rengagés dans les conditions de la loi de 1855, peuvent faire le dépôt, en un seul versement, aux caisses d'épargne ou de la dotation, de la totalité ou d'une partie des sommes reçues. Les versements volontaires faits à titre de dépôt donnent droit à un intérêt de 3 1/2 0/0.

J. M. 1er Fév. 1860 p. 42 et B. O. 14 Fév. 1860 p. 86.

Ces mêmes versements faits à la caisse de la dotation, par des officiers, n'exigent point pour leur retrait, l'intervention du conseil d'administration. Les officiers peuvent même obtenir directement, la conversion en rente des sommes déposées.

Art. 30 du réglement.

L'inscription des sommes payées, au titre de la dotation est faite sur le livret individuel, dans une section distincte, à la suite des comptes de la masse individuelle. Le paiement de la prime est inscrit le jour même, par l'officier payeur ou le chef de détachement, et celui de la haute paie est porté à la fin du trimestre, ou à la date du départ, par le commandant de la compagnie.

Chap. XVI du livre de détail.

Mod. G du Manuel.

Le montant de la feuille de dépense, pour la haute paie, doit être inscrit comme renseignement, dans la colonne observations du chapitre 6 du livre de détail, servant à l'enregistrement des feuilles de prêt. En outre, et pour justifier des allocations, les hommes ayant droit à la haute paie sont inscrits nominativement, au même livre de détail, sur les feuillets laissés en blanc, afin de s'assurer à la fin de chaque trimestre, si d'après les mutations énoncées, les sommes reçues sont égales à celles allouées et payées.

La comptabilité particulière, pour ce qui concerne la dotation, exige la plus grande attention pour que les recettes soient toujours en parfaite concordance avec les dépenses. On ne doit pas oublier que le remboursement d'avances indûment faites, pourrait ne pas être effectué par la caisse des dépôts et consignations, et qu'à défaut de feuilles de journées propres à constater le droit aux allocations, il est indispensable d'annoter exactement les mutations, pour que la feuille numérique présente le montant des dépenses de haute paie.

Il est néanmoins à désirer que l'expérience fasse reconnaître, qu'il pourrait être obtenu une plus grande simplicité dans les écritures, et un contrôle beaucoup plus efficace, si par une analogie avec ce qui se pratique pour la part contributive de la dotation, dans les pensions de retraite, les opérations financières que nécessite la loi du 26 avril 1855, étaient comprises dans les mêmes revues que la solde. Il n'y aurait que quelques légères modifications à apporter aux feuilles de journées et aux pièces de dépenses, et de même que les revues de liquidation présentent les résultats qui incombent à la caisse des Invalides, elles indiqueraient les sommes dont la dotation de l'armée devrait tenir compte à la marine ou au département de la guerre. Cette simplification rendrait à la comptabilité des corps son unité, et préviendrait dans les détachements de nombreuses erreurs qui sont la conséquence d'une législation encore peu connue.

Art. 83 du réglement.

Le contrôle tenu dans chaque portion de corps, pour les militaires ayant droit à la dotation, doit présenter toutes les indications que comporte la feuille individuelle n° 1, ainsi que les dates d'admission à la haute paie. Un extrait de ce contrôle, ou un certificat de cessation de paiement contenant les mêmes indications, est joint aux pièces qui doivent être envoyées dans le cas de passage dans un autre corps, ou dans une autre portion.

Mod. K du manuel.

B. O. 30 Octobre 1856 p. 314 ; n° 9 de l'Inst. du 26 janvier 1856.

Les avances faites au titre de la dotation, sont portées en dépense au registre-journal, et en recette et en dépense, sur celui qui est distinct pour la dotation. Sur ce dernier journal, la recette est toujours égale à la dépense inscrite au premier. Par suite, il n'y a pas lieu d'établir des pièces de recettes, et les dépenses sont justifiées par les feuilles modèles B et n° 1 déjà indiquées.

Art. 30 du réglement.

Art. 29 du réglement.

Le remboursement est généralement effectué à la fin de chaque trimestre, par la caisse des dépôts et consignations, sur bordereau récapitulatif, auquel sont annexés : pour la prime, les feuilles individuelles; et pour la haute paie, la feuille numérique et l'état nominatif des mutations.

J. M. 18 juillet 1855 p. p. 250.

Mod. C, D, E de l'Inst. du 26 Janvier 1856 et n° 1 du 30 Décembre 1856.

Le bordereau récapitulatif est dressé en triple expédition, dont une avec les pièces à l'appui pour le trésor; la deuxième pour être envoyée au ministère et portant également quittance; et la troisième pour être gardée par le corps à titre de renseignement, et avec copie des pièces à l'appui.

Régl. du 9 Janvier 1856.

Les dépenses pour imprimés et fournitures nécessaires au service de la dotation, sont remboursées en totalité au dépôt. Un abonnement étant fixé pour le corps entier, le conseil central fait connaître la quotité que chaque détachement doit porter en dépense pour cet objet.

B. O. 1857 p. 544, Modèle n° 1 p. 548.

Chapitre XXIII.

B. O. 1856 p. 177.

EXONÉRATION DU SERVICE.

J. M. 26 Janvier 1860 p. 26.

Certif. mod. n° 5. J. M. 21 Sept. 1830 p. 207.

La loi du 26 avril 1855 ne crée pas un droit à l'exonération, en faveur des militaires sous les drapeaux; elle ne leur accorde qu'une faculté dont l'application doit être faite avec une grande réserve. Les demandes d'exonération, pour être accueillies, doivent être accompagnées des justifications les plus sérieuses et constater l'absolue nécessité du militaire dans sa famille.

B. O. 30 Déc. 1856 p. 557, mod. G, n° 19 de l'Inst. et 14 Déc. 1858 p. 986.

La demande d'exonération est soumise au chef du corps, avec les pièces à l'appui. Cette demande ou déclaration doit être souscrite en double expédition; en outre des indications que contient le modèle, il est nécessaire d'y relater : le numéro matriculaire de l'homme; le titre en vertu duquel il est lié au service; le nombre d'années complètes restant à faire et le montant de la prestation. Cette prestation est indiquée au chapitre XXII.

Art. 37 du Régl. du 9 Janvier 1856 modifié. J. M. 18 Fév. 1860. p. 95.

Si la déclaration soumise au chef de corps et accueillie par lui, est ensuite approuvée par le major-général, une expédition est remise à l'homme, pour qu'il puisse effectuer ou faire effectuer le versement au trésor, du montant de la prestation.

Art. 44 et 45 du Régl. Mod. 8 et 9.

Sur le vu du récépissé de la caisse des dépôts et consignations, légalement visé, et après comparaison avec l'expédition de la déclaration gardée par le corps, le conseil d'administration ou le commandant du détachement dresse l'acte d'exonération, et délivre au militaire exonéré le certificat prescrit, et celui de bonne conduite.

Les feuillets matriculaire et de punitions, l'acte d'exonération (consigné s'il y a lieu au registre des délibérations), la déclaration et le récépissé, sont transmis au dépôt pour être déposés aux archives.

B. O. 15 Mai 1856. p. 469.

L'avoir à la masse de l'homme exonéré est repris au profit du trésor.

J. M. 16 Août 1859. p. 186.

Les militaires rengagés ou engagés avec prime qui se font exonérer, sont tenus de verser la part proportionnelle reçue en trop, ou reçoivent la différence qui est liquidée à leur profit. Les bases du décompte à établir sont indiquées au chapitre précédent.

B. O. 16 Déc. 1858 p. 995.

Les demandes d'exonération des jeunes soldats encore dans leurs foyers, sont soumises au ministre de la marine par l'autorité militaire.

Les dispositions relatives aux demandes d'exonération formées par des militaires de la réserve, ne sauraient être applicables aux hommes de la marine en congés de six mois renouvalables; ces derniers n'étant point inscrits sur les contrôles de la réserve.

J. M. 19 Mars 1860. p. 290.
Chap. XXI du manuel.

En temps de guerre, les exonérations dans les corps ne peuvent être prononcées qu'en vertu d'autorisations ministérielles spéciales.

J. M. 17 Juin 1859 p. 465 et 26 Janvier 1860 p. 6.

Chapitre XXIV.

MILITAIRES CONGÉDIÉS PROVISOIREMENT OU DÉFINITIVEMENT. CERTIFICATS DE BONNE CONDUITE.

B. O. 5 Mai 1857. p. 388.

Les congés provisoires ou définitifs, et les certificats de bonne conduite, établis pour les militaires libérés provisoirement ou définitivement, sont remis au commissaire aux revues chargé de la police administrative du corps, pour en effectuer la transmission.

J. M. 13 Juil. 1838 p. 17; 16 Mars 1839 p. 97, 24 Juil 1841, p. 69 et 26 Juil. 1853 p. 39.

En principe, tous les militaires qui quittent le service, pour rentrer dans leurs foyers, doivent recevoir un certificat de bonne conduite. La mutation doit indiquer le lieu où les militaires se sont retirés, et s'il leur a été délivré ou refusé le certificat de bonne conduite.

Art. 18 de l'Inst. sur les Inspec. générales.

Ces certificats doivent toujours être délivrés aux sous-officiers, caporaux *et soldats de 1re classe;* mais dans le cas où l'un de ces militaires se trouverait, lors de sa libération, dans une position telle, que le conseil d'administration ne jugerait pas possible de lui délivrer un certificat, il en serait référé au ministre qui déciderait.

J. M. 9 Juin 1857 p. 444.

B. O. 1858. p. 444.

Dans les armes où le galon de 1re classe s'obtient à l'ancienneté, les corps restent entièrement libres d'accorder ou de refuser le certificat de bonne conduite, que l'homme soit de 1re ou de 2e classe. Cette dernière décision de la guerre doit nécessairement modifier l'article 18 de l'instruction sur les inspections générales des troupes de la marine.

J. M. 7 Mai 1838 p. 599 et 28 Déc. 1859 p. 381.

Il n'est jamais délivré de duplicata du certificat de bonne conduite, si ce n'est aux militaires rappelés à l'activité, alors qu'ils quittent de nouveau le corps, et s'ils n'ont pas démérité.

Art. 729 de l'ordon.

Les militaires congédiés définitivement reçoivent leur avoir à la masse avant le départ du corps.

Art. 727 de l'ordon.

Ceux qui sont envoyés en *congé illimité* (congé provisoire ou congé de six mois renouvelable) ne reçoivent avant leur départ que l'excédant de masse.

Le 31 décembre de chaque année, il est envoyé directement au sous-intendant militaire, résidant au chef-lieu du département dans lequel se sont retirés les hommes qui, étant en position de congé provisoire ou de six mois renouvelable, ont eu droit à leur libération :

1° Les congés définitifs;

2° Les certificats de bonne conduite; s'ils n'ont pas été délivrés à l'époque du départ du corps;

3° Les mandats de fonds de masse, payables par la caisse des consignations;

J. M. 16 Août 1837 p. 81 et 17 Mars 1843 p. 76.

4° Le bordereau, en double expédition, des militaires résidant dans le même département, pour lesquels les mandats sont adressés. Une expédition portant récépissé est renvoyée au corps. Il est important de réclamer, s'il y a lieu, le renvoi de cette expédition, afin de pouvoir justifier du versement de la masse et de la destination donnée au mandat.

J. M. 4 Déc. 1835 p. 265.

Le versement à la caisse des dépôts et consignations, des fonds de masse des militaires qui, en raison de leur éloignement, n'ont pu recevoir leur masse individuelle dans le lieu de la garnison, est fait sur un état dressé en double expédition, dont l'une porte le récépissé du préposé de la caisse, pour être mise à l'appui de la comptabilité.

J. M. 16 Août 1837 p. 87, art. 730 et 732 de l'ord.

Il ne peut être délivré de duplicata des mandats de fonds de masse, sans autorisation du Ministre.

J. M. 24 Fév. 1843 p. 61.

Les mandats non réclamés dans un délai de trois ans sont adressés au Ministre. Tout fonds de masse doit être réclamé dans un délai de cinq ans. (Art. 9 de la loi du 29 janvier 1831).

J. M. 23 Oct. 52 p. 245; 2e 1856 p. 68 et B. O. 1er Déc. 1854 p. 761.

Le fonds de masse d'un militaire congédié étant absent, ne doit être envoyé, que s'il a été fait retour au corps de la feuille de route, ou à défaut, que six mois après la date de la délivrance de cette feuille de route.

Art. 730 de l'ord.

Lorsque, pour une cause quelconque, des pièces doivent parvenir à des militaires dans leurs foyers, il est fait usage d'un bordereau, pour l'envoi aux sous-intendants.

Si les pièces sont relatives à des hommes déjà congédiés, il est préférable que l'envoi ait lieu par l'intermédiaire du maire de la commune.

La réadmission au corps des militaires en congé illimité, c'est-à-dire, dans la marine, des hommes en congé provisoire de libération, ne peut-être autorisée que par le ministre sur la demande du chef de corps. Ces hommes conservent la classe qu'ils avaient au moment de leur libération provisoire, mais de nouveaux numéros de la matricule doivent leur être affectés. Ces dispositions ne sauraient être applicables aux militaires des troupes de la marine porteurs de congés renouvelables, sans une décision à intervenir.

J. M. 9 Juin 1836 p. 422.

7e § de l'inst. sur la tenue des matricules.

B. O. 25 Juin 1857 p. 540.

Il doit être rendu compte au ministre des militaires qui, étant dans la réserve ou en congé provisoire, sont admis dans l'un des corps de l'armée de terre. Les pièces relatives à ces militaires sont envoyées à leurs nouveaux corps, quand il a été reçu avis, de la date de la décision ministérielle en vertu de laquelle l'incorporation a été effectuée.

D. M. du 26 Déc. 1849 7e §.

De la distiction qui est faite entre les congés de six mois renouvelables et les congés provisoires, il résulte que les militaires envoyés en congé renouvelable cessent de compter aux portions secondaires, pour être inscrits au dépôt; et que pour les congédiés provisoirement, les portions du régiment d'artillerie en France, doivent expédier directement les pièces et le fonds de masse; le conseil central effectue cet envoi pour les militaires qui, avant leur départ, comptaient à l'effectif des compagnies du dépôt, et pour ceux qui avaient été envoyés en congés renouvelables par les diverses portions du corps.

Toutefois, si des circonstances faisaient congédier provisoirement, ou délivrer des congés illimités, à des militaires du régiment d'artillerie, qui ne seraient point dans leur dernière année de service, des instructions spéciales pourraient être données aux portions secondaires.

M. 21 et 114 de l'ord. Les hommes congédiés provisoirement sont portés sur le registre spécial; leurs masses doivent également figurer sur une feuille de décompte spéciale de la portion de corps.

Art. 730 de l'ord. L'avoir à la masse, arrêté au départ, ne peut être diminué que du montant des imputations faites depuis cet arrêté.

Les envois en congés de six mois renouvelables, illimités ou provisoires, sont des mutations matriculaires qui doivent être complétées par celles indiquant la libération, à la date à laquelle le congé définitif est dressé, soit par le dépôt, soit par la portion secondaire, pour que l'inscription puisse en être faite sur la matricule.

CHAPITRE XXV.

ÉTAT DES OFFICIERS. CONGÉS DE RÉFORME POUR LA TROUPE.

Inst. du 6 Mai 1858, B. O. p. 429.

La loi du 19 mai 1834 sur l'état des officiers, a été l'objet d'une décision sur l'exécution de l'article 7, et d'explications sur l'article 23, en ce qui concerne le calcul pour la pension de retraite ou de réforme.

J. M. 1er 1834 p. 171; 16 Juillet 1836 p. 55 et 10 Mai 1838 p. 583.

L'ordonnance du 21 mai 1836 sur l'organisation des conseils d'enquête, a été également l'objet de plusieurs décisions ou explications relatives à la composition de ces conseils.

J. M. 1er 1836 p. 392; 8 Novembre 1836 p. 357. 5 Janvier 1837 p. 3; 18 Février 1837 p. 107; 31 Décembre 1837 p. 427; 8 Février 1838 p. 94.

La décision du 18 mai 1835 indique les dispositions à suivre, à l'égard des officiers dans le cas d'être proposés pour la non-activité à titre d'infirmités temporaires, et la circulaire du 16 décembre 1837, les formalités à observer pour le rappel à l'activité de ces mêmes officiers.

J. M. 1er 1835 p. 211 et 2e 1837 p. 416.

Une ordonnance du 30 août 1837 détermine la forme pour faire prononcer par jugement, contre un officier, la perte de sa qualité de Français.

J. M. 2e 1837 p. 257.

Lorsqu'un capitaine ou un lieutenant de 1re classe, est suspendu de son emploi pour moins d'un an, il conserve sa 1re classe jusqu'au moment où, défalcation faite du temps passé par lui en non-activité, il devient moins ancien que le premier des capitaines ou des lieutenants de 2e classe de l'arme ou du corps, à passer capitaine ou lieutenant en 1er.

J. M. 15 Octobre 1853 p. 267.

Congés de réforme pour les sous-officiers et soldats.

J. M. Instr. du 3 Mai 1844 p. 277; 21 Oct. 1844 p. 443 et Dép. M. 31 Août 1844.

Les congés de réforme sont de deux espèces : Celui de réforme N° 1 se délivre pour blessures reçues dans un service commandé, ou pour infirmités contractées étant au service. Le congé de réforme N° 2 se délivre pour blessures reçues hors du service, ou pour infirmités contractées hors des armées de terre et de mer, c'est-à-dire, antérieures à l'incorporation.

Les militaires qui d'après l'avis du chirurgien du corps, sont susceptibles de recevoir des congés de réforme N° 1, doivent être présentés pour la réforme, soit à l'inspecteur général, soit à la revue trimestrielle du major général, pour être soumis à une contre-visite qui est faite par deux officiers de santé. Si le militaire est déclaré *hors d'état de faire jamais un service actif*, la réforme est prononcée, et il lui est délivré par le corps un congé de réforme N° 1.

J. M. Instr. du 27 Oct. 1838 p. 218 et 26 Janv. 1856 n° 51.

Certif. Mod. 3 du 1 Juillet 1820.

Art. 729 de l'ordon.

L'avoir à la masse est payé avant le départ du corps.

B. O. 10 Fév. 1860 p. 137.

A l'égard des militaires traités dans les hôpitaux externes ou isolément, les généraux divisionnaires font constater, à l'époque des revues trimestrielles, la position de ces hommes, par des certificats de visite et de contre-visite, et prononcent, s'il y a lieu, la réforme. Les congés de réforme sont établis par le conseil d'administration de l'un des régiments de l'armée de terre, en résidence dans la circonscription militaire.

Décis. Imp. des 3 Janv. et 26 fév. 1857. J. M. 26 Janv. 1857 p. 55 et B. O. 2 mars 1857 p. 60 Mod. Marine - Invalides 296. 1857.

Les militaires ainsi réformés pour blessures ou infirmités provenant des circonstances spécifiées dans l'article 12 de loi du 11 avril 1831 sur les pensions, mais n'ayant pas une gravité suffisante pour donner droit à la pension viagère, peuvent être proposés pour une gratification renouvelable. Les infirmités contractées sous les drapeaux, hors des conditions d'origine spécifiées par l'art. 12 précité, donneront lieu à des propositions pour un secours éventuel, lorsque la position des réformés, la nature de leurs infirmités ou la durée de leurs services, les rendront susceptibles d'obtenir une récompense.

Inst. citée du 3 Mai 1844.

Les militaires susceptibles de recevoir des congés de réforme N° 2, sont envoyés tous les trimestres au chef-lieu du département dans lequel le corps est stationné, et où se réunit ordinairement la commission. Les feuillets matriculaires et les certificats de visite sont en même temps transmis au commandant du recrutement. Si la réforme est prononcée, le corps en reçoit avis pour la radiation du militaire, lequel reçoit le congé N° 2 par le dépôt de recrutement.

Art. 220 de l'ordon.

Les corps font parvenir, s'il y a lieu, dans les départements où les militaires, réformés hors du lieu de leur garnison se sont retirés, l'avoir à la masse ou la portion de cet avoir qui leur est due, d'après les prescriptions de l'ordonnance.

Dans le cas où l'homme est renvoyé au corps pour y continuer ses services, il est fait l'allocation de la 1re mise ou du complément, si cette première mise d'équipement n'a pas encore été entièrement allouée.

Chapitre XXVI.

MILITAIRES PASSANT DANS UN AUTRE CORPS.

Les pièces à adresser au conseil d'administration du corps sur lequel un militaire est dirigé sont :

1° Le feuillet matriculaire, ou un état signalétique et des services ; — Art. 698 de l'ord.

2° L'état indiquant les dernières époques d'habillement ;

3° Le feuillet de punitions ; (1) — J. M. 11 Janv. 1853, p. 13.

4° L'extrait du contrôle de la dotation, s'il y a lieu ; — Inst. du 26 Janvier 1856 n° 9.

5° L'acte de naissance, si le militaire passe dans la gendarmerie, ou si étant sous-officier, cette pièce existe au corps ; — J. M. 2e 1855 p. 113.

6° Le bulletin de masse individuelle, — Art. 732 à 734 de l'ord. Modèle 108.

7° Le mandat du montant de ce fonds de masse payable à l'ordre du conseil, si le corps n'est pas dans le même lieu.

Le mandat pour transmission de fonds de masse est demandé à la recette générale, pour être payé par le receveur général du département où le corps se trouve stationné. — J. M. 2e 1833 p. 146.

Si le mandat concerne un militaire passé dans un corps employé en Afrique, il doit être ainsi libellé : *Sur le caissier central du trésor public et payable au besoin par le payeur de l'armée d'Afrique.* — J. M. 1er 1835 p. 169 et D. M. 3 Juin 1844.

Une expédition du bulletin de masse, portant récépissé du receveur ou du corps, est mise à l'appui des dépenses. — Art. 737 de l'ord.

Le militaire qui passe dans un corps du département de la guerre, reçoit sa feuille de route par les soins du sous-intendant militaire, si ce corps n'est pas dans la même garnison ; l'autorité militaire ayant dû être informée du changement autorisé par le ministre de la guerre, et dont avis a été donné au corps par le ministre de la marine.

Celui dont le passage dans la gendarmerie départementale a été autorisé par le ministre de la marine, ne peut être dirigé sur son nouveau corps que sur le vu d'un avis de nomination. — D. M. 6 Sept. 1859.

Une décision du 27 janvier 1859 fixe la marche à suivre, pour opérer la mutation des militaires appelés à recruter la garde impériale, et qui se trouvent en congé. — J. M. 1er 1859 p. 17.

(1) Les feuillets de punitions des hommes qui cessent d'appartenir à l'armée sont déposés aux archives du dépôt, pour être conservés pendant 3 ans. Dans le cas de demande de renseignements, il n'est envoyé qu'un relevé du feuillet de punitions ; l'original ne devant être envoyé que s'il est réclamé par suite d'incorporation effectuée. — J. M. 1er 1838 p. 119. Ord. du 2 Nov. 1833. Art. 125. Mod. F.

CHAPITRE XXVII.

DISCIPLINE, CONDAMNATIONS, JURISPRUDENCE DE LA MARINE.

Art. 314 et J. M. 2e 1851 p. 451.

L'ordonnance du 2 novembre 1833, et la circulaire du 28 décembre 1850, modifiée par décision ministérielle du 23 avril 1851, règlent les dispositions concernant les militaires et les jeunes soldats, qui se mettent dans le cas de subir l'épreuve des compagnies de discipline.

B. O. 22 Avril. 1858. p. 277.

Les militaires des troupes de la marine, détachés aux colonies, ne doivent plus être envoyés à la compagnie de discipline.

B. O. 20 Juillet 1854 p. 150.

La mutilation volontaire d'un militaire sous les drapeaux, n'est punissable que par l'envoi dans une compagnie de pionniers.

L'art. 124 du code de justice maritime, indique les pièces qui doivent être annexées à la plainte portée contre un militaire, traduit devant le conseil de guerre. Ces pièces sont : 1° *Un extrait du registre-matricule ; 2° un extrait du registre des punitions ; 3° un état indicatif des armes et des objets qui auraient été emportés par l'inculpé; 4° l'exposé des circonstances qui ont accompagné la désertion.*

J. M. 28 Janvier 1860 p. 118.

Les militaires de la marine, condamnés à un an de prison au moins, sont répartis dans les établissements pénitentiaires du département de la guerre, où existent des ateliers de travail. Le tableau de répartition, qui remplace celui du 25 juillet 1855, a été adressé par dépêche du 20 mars 1860.

Les condamnés qui subissent leur peine, dans la prison du port ou de la colonie, et ceux qui sont remis à la disposition de la guerre, pour être détenus dans une *prison militaire*, mais non dans un *pénitencier militaire*, ne sont point rayés des contrôles, et la masse continue d'être portée sur la feuille de décompte.

B. O. 7 Avril 1854 p. 479.

Les militaires des colonies, condamnés à un emprisonnement de plus de 18 mois, sont renvoyés en France. Toutes les pièces les concernant sont adressées à la portion de corps du port de débarquement, laquelle est chargée de leur transmission.

J. M. 23 Mai 1836 p. 409 et 15 Août 1846 p. 167.

Aussitôt que le jugement a été notifié au corps, un relevé du contrôle signalétique le relevé des punitions et la situation de masse, doivent être transmis à l'autorité militaire du lieu où le condamné doit subir sa peine de l'emprisonnement.

J. M. 4 Juillet 1836 p. 12; 25 Juillet 1855 p. 207; 23 Juillet 1856, régl. 28 Janvier 1860 p. 118 D. M. du 8 Août 1846

Cet envoi ne dispense point d'adresser au conseil d'administration du *pénitencier militaire*, sur lequel le condamné aurait été dirigé, les mêmes pièces et le fonds de masse, comme si l'homme était passé dans un autre corps.

Si le condamné à l'emprisonnement ne subit pas sa peine dans un pénitencier militaire, son fonds de masse reste au corps, pour être envoyé ultérieurement, s'il y a lieu, aux bataillons d'Afrique. Au régiment d'artillerie, quand la masse est envoyée, les militaires condamnés sont rayés des contrôles, le jour de leur remise aux autorités de la guerre. Cette disposition prescrite par une dépêche du 15 février 1850, est contraire à ce qui est suivi au département de la guerre.

J. M. 8 Avril 1833 p. 229 et 24 Avril 1834 p. 145.

C'est à l'autorité militaire du lieu où les marins et les militaires de la marine viennent à être jugés, qu'il appartient de les diriger sur les pénitenciers, ateliers et prisons militaires.

D. M. de la guerre du 26 Janvier 1860, et de la marine des 31 Janv. et 20 Mars 1860.

La décision du 12 septembre 1857 indique la destination qui doit être donnée aux condamnés militaires, après la remise ou l'expiration de la peine.

J. M. 2e 1857 p. 509.

Les jeunes soldats qui, avant leur arrivée sous les drapeaux, ont subi une condamnation de trois mois d'emprisonnement au moins, et les militaires condamnés corectionnellement à une peine plus grave que celle de trois mois de prison, auxquels il reste, après l'expiration ou la remise de la peine, plus d'une année de service à faire, pour compléter le temps exigé par la loi (celui de la condamnation étant toujours déduit du service obligé), doivent être envoyés *d'office* aux bataillons d'Afrique.

J. M. 24 Avril 1834 p. 145; 12 Mai 1836, art. 2 p. 331; 12 Août 1855 p. 267.

D. M. 27 Janvier et 3 Juin 1844; 12 Sep. 1836; 8 Déc. 1847; 20 Nov. 1851.

Pour l'exécution de cette mesure à l'égard d'un militaire détenu dans la prison du port, il est nécessaire d'aviser l'autorité supérieure, assez à temps avant l'expiration de la peine, pour que ce militaire puisse être dirigé sur son nouveau corps, le jour de la sortie de prison. L'extrait du contrôle signalétique et de service, et la situation de masse, sont joints à la demande adressée à M. le major-général.

Quand le corps est avisé de la destination qui a été donnée, les pièces qui concernent l'homme *passant dans un autre corps*, sont expédiées.

Sous le rapport de l'envoi des pièces, les militaires condamnés aux travaux publics, sont considérés comme passés à un autre corps. Ces condamnés reçoivent la destination de l'Algérie.

J. M. 19 Février 1842 p. 97.
B. O. 16 Sept. 1853 p. 615.
Art. 742 de l'ord.

Les journées d'absence illégale ne donnant droit à aucune solde, il n'y a pas lieu de les faire ressortir sur les feuilles de journées.

Art. 208 de l'ord.
B. O. 2e 1850 p. 109 n° 228.

Les décisions des 15 août et 1er décembre 1858, indiquent les dispositions relatives à l'habillement des militaires en prévention, et de ceux détenus par suite de jugement.

J. M. 2e 1858 p. 307 et 551.

Les militaires condamnés, détenus dans les maisons d'arrêt de la marine, peuvent être portés sur le travail collectif de grâces, ou de réduction de peine, à établir périodiquement.

B. O. 8 Mars 1859 p. 136 et 5 Juillet 1859 p. 17.

Art. 287 du code, et Art. 742 de l'ord.

Toute condamnation en matière de crime, emportant la dégradation militaire, les condamnés sont rayés des contrôles.

J. M. 8 Janvier 1859 p. 10.

Les fonds particuliers des condamnés militaires, libérés et renvoyés dans l'armée, doivent être déposés à la caisse d'épargne.

B. O. 5 Août 1858 p. 757

En matière de désertion, c'est le chef de corps ou de détachement qui doit dresser la plainte. Dans tous les autres cas c'est à la partie *lésée* ou *offensée* à porter plainte, et le capitaine est l'intermédiaire indispensable entre les hommes de la compagnie et le chef de corps, pour saisir ce dernier, soit des *plaintes* écrites qu'il a reçues, soit des procès-verbaux ou rapports qu'il a dressés sur *plaintes* orales. En faisant cette double transmission à l'autorité maritime, le capitaine et le chef de corps doivent s'abstenir d'émettre un avis sur le *fond* de l'affaire, pour qu'ils ne puissent être considérés comme *parties plaignantes*.

B. O. 1858 partie suppl. Art. 252 du code.

Le code de justice maritime dont l'envoi a été fait le 25 juin 1858 et qui comprend le code de justice militaire dont les peines sont applicables aux troupes de la marine non embarquées, ayant été l'objet depuis sa publication, de commentaires ou d'observations, on a jugé utile d'indiquer ici les annotations qui devraient être faites sur les exemplaires de ce code.

Instructions du 25 juin 1858 :

25 Août 1859 p. 267.

N° 2. Nécessité d'équilibrer l'action judiciaire.

14 Sept. 1858 p. 869 et 14 Avril 1859 p. 232.

N° 69. La tenue des officiers d'infanterie de marine, siégeant aux conseils de guerre ou de révision, comporte l'épaulette et le schako. Les magistrats faisant partie des tribunaux de la marine, doivent siéger en robe, aux audiences de ces tribunaux.

1er Juil. 1859 p. 1.

N° 81. Voir l'arrêt de la cour de cassation déterminant les conditions de l'applicabilité du principe de la récidive.

19 Avril 1859 p. 244.

Instruction sur divers points de la procédure devant les juridictions de la marine.

24 Août 1858 p. 797.

Art. 7 du code du 4 juin 1858. Les fonctions de commissaire impérial près des conseils de guerre permanents, donnent droit à la solde intégrale pour les officiers de marine.

6 Fév. 1860 p. 93.

Art. 37 et autres. Voir l'arrêté pour la centralisation et les attributions concernant les affaires de simple police.

1er Fév. 1859 p. 60.

Art. 75. Les tribunaux maritimes commerciaux sont incompétents pour statuer sur l'action civile.

Art. 82. Voir une annotation à l'article 213.

9 Juil. et 26 Nov. 1859 p. 28 et 436.

Art. 102. Voir arrêt pour incompétence, et rappel aux règles de compétence.

10 Juin 1859 p. 45.

Art. 109. Voir l'arrêt sur un conflit négatif.

5 Août 1858 p. 757.

Art. 124. C'est seulement en matière de désertion que le chef de corps est tenu de signer les plaintes.

23 et 25 Juin 1859, p. 367 et 369, 2 et 7 Juillet 1859 p. 13 et 18.

Art. 162, 164. Voir pour l'application, l'instruction complémentaire du 11 décembre 1858 p. 294.

Art. 170. Mention à faire aux jugements, etc. du grade de l'officier investi des fonctions judiciaires.	2 Août 1859 p. 125.
Art. 172. Voir l'explication.	21 Août 1858 p. 769.
Art. 173, 175 à 177, 183 et 233. Examen de questions sur l'exercice du recours en révision.	10 Avril 1860 p. 328.
Art. 180, 181 et 213. Voir sur le mode de procéder, dans le cas où un jugement ne peut être exécuté à la diligence du commissaire impérial, près le conseil qui l'a rendu.	26 Août 1858 p. 798.
Art. 225. Voir l'instruction complémentaire, pour le libellé des procès-verbaux à annexer au jugement des conseils, prononçant l'emprisonnement.	9 Nov. 1858 p. 933.
Art. 249. Les ouvriers chauffeurs de 3e classe, qui ont encouru la peine de la réduction de grade ou de classe, ne peuvent être mis à la position de novice ou d'apprenti marin. Le cachot leur est subsidiairement applicable, en vertu du 2e § de l'art. 249.	11 Sept. 1858 p. 820.
Art. 253. Voir l'arrêté et la rectification.	2 Janvier 1859 p. 1, 6 mars 1860 p. 160.
Art. 283. Voir pour le sens limitatif.	20 Oct. 1859 p. 345.
Art. 294. Voir des observations.	28 Juin et 7 Juillet 1859 p. 371 et 18.
Art. 300, 302. Voir les circulaires indiquées.	11 Déc. 1858 p. 981, 19 Avril, 14 Mai, 28 Juin 1859 p. 244, 285 et 371 ; 7 Juil. 1859 p. 26.
Art. 308. Voir pour l'application et les observations sur un jugement.	28 Avril et 4 Juil. 1859 p. 259 et 321.
Art. 310. Voir des observations.	12 et 24 Juillet 1859 p. 37 et 57.
Art. 331, 6e §. Voir l'arrêt.	1er Juil. 1859 p. 1.
Art. 369. Voir l'arrêt pour incompétence.	9 Juil. 1859 p. 32.
Décret du 21 juin 1858 concernant le personnel, les archives, etc., de la justice maritime.	B. O. partie suppl.
Art. 10 à 14. Voir la solution de questions et pour les avances de frais de justice.	9 Sept. 1858 p. 811 et 28 Avril 1859 p. 260.
Art. 19. Les dispositions du décret du 11 août 1856, relatives à l'imputation au compte des déserteurs, des primes de capture, continuent à être en vigueur.	2 Déc. 1858 p. 974.

CHAPITRE XXVIII.

Art. 31, 708, 731 et 742 de l'ordonnance.

MILITAIRES DÉCÉDÉS, DISPARUS.

La somme due à quelque titre que ce soit aux sous-officiers et soldats décédés, etc, étant acquise à l'État, et leur avoir à la masse individuelle étant versé à la masse d'entretien du corps ; les prescriptions réglementaires doivent être opposées aux demandes des familles, sauf le cas où le décès serait postérieur à la libération et avant le paiement de la masse.

J. M. 8 Mars 1823 p. 358 ; 20 Août 1827 p. 81 ; 1er Avril 1831 (hôpitaux) ; 8 Août 1836 p. 97 ; 1er Déc. 1838 p 412 ; Ann. marit. 11 Août 1832 p. 533. Code Nap. B. O. 28 Oct. 1848 p. 401 ; 4 Juil. 1854 p. 94 ; Inst. génér. 19 Déc. 1859, art. 15 et 16 au B. O. 1860 p. 177.

Il est dressé un inventaire de l'argent trouvé après décès, ainsi que des effets ou objets étrangers au service. Ces derniers sont généralement vendus, à l'exception des titres, bijoux, objets précieux, décorations et armes des officiers. Le montant de la vente, les billets et valeurs quelconques, et les divers objets non vendus sont déposés à la caisse des gens de mer, ainsi que le traitement acquis par les officiers décédés. Les livrets de caisse d'épargne sont également déposés, sauf versement ultérieur à la caisse des dépôts et consignations, dans le cas où les héritiers ne pourraient être découverts par les soins de l'autorité maritime.

Mod. Marine 1710 Invalides et mod. F du manuel.

Le corps dresse en triple expédition, dont une est gardée avec le récépissé, l'état nominatif de remise, appuyé de l'inventaire détaillé des objets précieux.

Quand les circonstances ou les localités ne permettent point de procéder avantageusement à la vente des effets, ces derniers sont envoyés au dépôt, avec les procès-verbaux et inventaires, en prenant toutes les garanties nécessaires pour constater l'envoi et pour prévenir toute perte ou fausse destination. Il est fait recette des sommes qui revenant à la succession n'auraient pu être déposées, et à la réception des pièces et des objets, la portion centrale effectue les opérations qui n'ont pu être faites par les détachements employés à l'extérieur.

B. O. 1er 1850 p. 284.

La circulaire du 22 avril 1850 indique les formalités à suivre, pour les objets précieux provenant des successions aux colonies, et qui sont expédiés en France.

Arrêté du 13 Nivôse an X ; Dép. M. 25 Mars 1843 ; J. M. 20 Juin 1844 p. 645 ; B. O. 1er 1850 p. 97.

Au besoin, la portion de corps dont fait partie le militaire décédé, doit provoquer l'apposition des scellés. Les scellés sont toujours apposés sur les papiers d'un officier supérieur décédé.

Mod. D du Manuel.

Dép. M. 24 Juil. 1844.

Les renseignements concernant une succession sont transcrits sur l'avis de décès que chaque portion de corps doit adresser au maire de la commune du domicile des parents. L'envoi de ce document est de rigueur et doit être fait directement, aussitôt que le réglement de la succession a pu être effectué. Dans le cas où la succession comprendrait des sommes dues par la dotation, pour part proportionnelle acquise de la prime de rengagement, le décompte, dressé sur une feuille individuelle, est transmis à la direction générale des dépôts et consignations, pour être payé aux héritiers. Le traitement de la Légion-d'honneur ou de la médaille militaire ne peut être compris dans la liquidation à effectuer par le corps, et doit être reversé au trésor par le dépôt, sauf paiement aux ayants droits par la grande chancellerie, et avis donné par le corps.

Art. 28, 3e § du rég. du 9 Janvier 1856.
B. O. 30 Déc. 1856 p. 1308, M. n° 1.
J. M. 16 Mai 1859 p. 274
J. M. 2 Mars 1860 p. 117 et Chap. XXX du manuel.

La portion centrale doit être informée de toutes les opérations qui auront pu être faites à l'égard de la succession d'un militaire décédé hors de France, afin qu'elle puisse répondre aux demandes de la famille. Un état est adressé trimestriellement par les détachements employés à l'extérieur et doit contenir tous les renseignements que le modèle comporte.

Mod. E du manuel.

Les actes de décès des militaires morts dans les hôpitaux, sont envoyés en double au ministre et mensuellement pour les décès qui ont lieu aux colonies. Le corps ne reçoit de l'hôpital qu'un avis de décès.

J. M. 2e 1839 p. 71 et et 8 Nov. 1855 p. 400 ; B. O. 1er Juin 1858 p. 577.

En campagne les actes de disparition sont dressés d'une manière analogue à ceux de décès, en indiquant les circonstances de l'absence. L'instruction du 28 septembre 1856 indique le modèle de l'état qui doit être fourni et la circulaire du 7 mai 1858, la mention à faire sur la matricule et sur les contrôles.

Code Nap. ; J. M. 2e 1859 p. 339 ; mod. 3 ; 12 Juin 1857 p. 444 ; 1er 1858 p. 340.

Pour les honneurs à rendre aux militaires décédés, voir :

Déc. du 24 Messidor an XII.

B. O. 18 Juin 1859 p. 16.

Chapitre XXIX.

PROPOSITIONS POUR LA RETRAITE.

Lois des 11 et 18 Av. 1831 et 26 Av. 1855. Décret du 9 Janv. 1856. Inst. du 26 Janv. et dép. du 14 Fév. 1856. Man. des pens. J. M. 1831 ; 10 Mai 1838 p. 580 ; 7 Juil. 1834 p. 261.

Les sous-officiers et soldats qui ont 47 ans d'âge et 25 ans de services effectifs, doivent être proposés aux revues trimestrielles, pour être admis à la pension de retraite.

Déc. du port de Lorient du 16 Oct. 1857 et n° 46 de l'instr.

Le dernier rengagement doit être calculé de manière à ce que le militaire ne dépasse point ces limites, toutefois ceux qui sont âgés de plus de 47 ans et qui n'ont pas le temps voulu pour la retraite, peuvent contracter un rengagement, le corps ayant toujours la faculté de les proposer d'office pour la pension, sans attendre la fin du rengagement.

Circ. 11 Nov. 1847 n° 210. B. O. 13 Sept. 1858 p. 823 mod. A marine n° 2005.

Les propositions de pension doivent être établies sur les mêmes modèles en usage au département de la Marine.

B. O. 21 Déc. 1849 p. 860

Les actes de l'état-civil à joindre au mémoire de proposition, peuvent être sur papier libre.

Lois des 28 Fructidor an 7, art. 64 et 25 Mai 1808 art. 80.

Ils peuvent être délivrés et légalisés gratis quand ils sont demandés par les administrations publiques.

B. O. 13 Août 1851 p. 90. J. M. 8 Juin 1850 p. 245.

Les services faits au département de la guerre doivent être constatés par des extraits des registres matricules, ou par des certificats émanant de ce ministère. Ces pièces sont jointes au dossier. Les services antérieurs à 1850 sont demandés au ministère.

B. O. 31 Oct. 1850 p. 275 et 27 Oct. 1854 p. 611.

Le bordereau doit également comprendre la déclaration de l'intéressé, constatant que le mémoire présente le relevé exact, de tous les services et de toutes les campagnes.

B. O. 2 Av. 1852 p. 451.

La transmission des pièces doit avoir lieu dans le délai d'un mois.

B. O. 29 Janv. 1859 p. 58.

Des dispositions doivent être prises pour éviter le retard de l'envoi du mémoire de proposition.

B. O. 14 Av. 1859 p. 233.

Les documents à produire pour l'admission à la pension doivent être transmis au ministre, sous le timbre des directions administratives.

B. O. 14 Mars 1859 p. 152.

C'est au commissariat qu'il appartient d'opérer les vérifications des mémoires de proposition, aussi bien que des pièces à l'appui.

Art. 39 de l'inst. sur les inspect. génér. et art. 30 de l'ordonn.

Les militaires proposés pour la retraite peuvent être autorisés à aller attendre dans leurs foyers la liquidation de leur pension. Les officiers ont droit à la solde de congé; les sous-officiers et soldats n'ont droit à aucun arrérage de leur pension pour le temps écoulé entre la notification de la pension et leur radiation des contrôles; mais ils sont rappelés de la double indemnité de route de leur grade.

Cette double indemnité de route n'est pas acquise aux officiers. J. M. 14 Déc. 1853 p. 496

L'officier qui est admis à faire valoir ses droits à la retraite et qui reste en activité en attendant la liquidation conserve, avec toutes les obligations du service actif, tous les avantages de cette position. C'est à partir du décret déclarant que la pension est liquidée, qu'il y a vacance dans le cadre et fonds disponibles au budget. Circ. de la marine du 30 Juil. 1856 (Durat, Lasalle), 3e partie. Code de l'officier p. 256.

Dans le cas de proposition pour blessures ou infirmités, les procès-verbaux et les certificats exigés doivent être joints au dossier. Ordonn. des 2 Juillet 1831 guerre et 26 Janv. 1832 marine.

Sur la production de pièces constatant les causes, la nature des blessures ou infirmités et leur incurabilité, le conseil d'administration ou le commandant du détachement provoque la désignation de deux chirurgiens pour être procédé à la visite du militaire proposé pour la retraite. L'examen se fait en présence du conseil et du commissaire aux revues, et il est dressé certificat et procès-verbal de cette visite. Mod. n° 1 de l'ord. du 26 Janv. 1832.

Une contre-visite est ensuite faite par deux autres chirurgiens en présence du major-général ou de l'inspecteur-général. Il est également dressé un certificat et un procès-verbal de ce second examen. Mod. n° 2 idem.

Ce n'est qu'après ces formalités remplies, que le corps est appelé à dresser le mémoire de proposition pour blessures ou infirmités. Mod. B. marine n° 2006.

Les militaires amputés, provenant d'une armée ou d'une expédition, qui demandent à aller attendre dans leurs foyers la liquidation de la pension, ont droit à un secours. B. O. 2 Oct. 1855 p. 643.

Les corps sont appelés à dresser le mémoire de proposition pour la pension, en faveur des veuves ou des orphelins des militaires morts en activité de service, en possession des droits pour la retraite, ou dont le décès ouvre des droits à la pension. Manuel de pensions. Mod. C ou E, marine, n° 2007 ou 2009.

Le choléra-morbus contracté hors de France, et le typhus contracté à la mer ou dans une expédition militaire, sont réputés maladies contagieuses, et ouvrent à la veuve des droits à la pension. B. O. 17 Juin 1855 p. 370 et 17 Sept. 1855, p. 712.

D'après la loi du 26 avril 1855, la pension des veuves est de la moitié et non du quart du maximum, si le militaire ou marin a été tué sur le champ de bataille ou par des événements de guerre, ou s'il est mort des suites de blessures reçues devant l'ennemi.

Les militaires retraités reçoivent un certificat de cessation de paiement, pour constater la date de leur radiation des contrôles et de leur entrée en jouissance de la pension dont le brevet leur est délivré. Le récépissé de ce brevet, signé du titulaire, est transmis à l'administration.

Supputation des Services et des Campagnes.

Manuel des pensions. J. M. 1831 supp. et 9 Avril 1859 p. 165.

Le temps de service est compté pour la retraite, aux appelés et aux engagés, depuis l'époque de leur mise en route, pour rejoindre le corps, ou de la date de l'incorporation.

Les décomptes se font en considérant tous les mois comme étant de 30 jours chacun.

J. M. 18 Août 1826 p. 103 et 7 Sept. 1845 p. 266.

Voir pour la régularisation des services et campagne.

J.M. 31 Mai 1829 p. 163.

Le service de siége et blocus est compté comme campagne.

J.M. 11 Déc. 1846 p. 657.

Le temps d'un séjour provisoire en France, ne peut continuer à être compté comme bénéfice de campagne.

B. O. 5 Déc. 1851 p. 925.

Lorsqu'une troupe organisée aura contribué par des combats à rétablir l'ordre sur un point quelconque du territoire, ce service sera compté comme service de campagne.

B.O. 4 Août 1855 p. 686.

Le service fait à l'armée d'Orient sera compté à titre de bénéfice de campagne pour le *double* de sa durée effective, conformément aux règles de l'article 8 de la loi du 11 Avril 1831.

B.O. 23 Mai 1856 p. 482.

Manière de décompter les services pour l'expédition d'Orient.

Mod. 64 et 65 de l'ord. Mod. 7 et 8 de l'ord. du 10 Mai 1844 et J. M. 25 Déc. 1856 p. 554.

D'après le modèle en usage, les matricules des troupes de la marine présentent, pour les campagnes, des détails qui ne sont point relatés sur les matricules de la guerre. (Voir les formules du manuel).

J. M. 23 Août 1831.

Pour les officiers, à défaut de titres, la constatation de services et campagnes, peut avoir lieu, par une attestation sur l'honneur.

Art. 5 de la loi du 11 Avril 1831 manuel des pensions p. 33.

Aucun temps de service ne peut être cumulé avec les quatre années comptées aux élèves de l'école Polytechnique, à titre d'études préliminaires.

J.M. 18 Oct 1852 p. 247.

Le temps passé dans la garde républicaine de Paris créée par arrêté du 16 mars 1848 et organisée par décret du 9 juin suivant, est compté comme service militaire.

Loi du 28 Janv. 1850.

Il en est de même pour le temps passé dans la garde mobile de Paris.

Décis. du port de Lorient du 3 Sept. 1857.

Les engagements pour deux ans qui pouvaient être contractés en vertu du décret du 31 mars 1848, donnant lieu à une réduction de service, dans le cas où l'engagé a été ensuite appelé par la loi de recrutement, le remplaçant de ce dernier n'est tenu également qu'au temps de service qui restait à accomplir par le remplacé.

Dép. du 3 Oct. 1857.

Le temps passé dans la garde républicaine ou dans la garde mobile, étant aussi déduit des 7 années exigées, le remplaçant d'un militaire appelé, ayant servi dans ces corps, ne devrait faire que le temps de service imposé au remplacé.

J. M. 2e 1851 p. 458.

Le temps passé dans une compagnie de discipline, en Afrique, n'est pas compté comme campagne.

Le temps passé en détention par suite du jugement est déduit du service. — J. M. 1er Sept. 1833 p. 123.

Dans la liquidation des pensions de retraite, au département de la guerre, toute fraction d'année de moins de quinze jours n'est point comptée, mais si cette fraction est de quinze jours ou plus, elle est comptée pour six mois. Dans la marine, la supputation est faite pour la durée effective, ans, mois et jours, du service. — Inst. du 26 Janv. 1856 n° 11.

L'article 23 de la loi du 18 avril 1831 sur les pensions de l'armée de mer indique que les dispositions de la loi, du 11 du même mois, sur les pensions de l'armée de terre, sont pleinement applicables aux troupes de la marine, sauf le bénéfice résultant de l'article 1er, en ce qui concerne l'époque à laquelle les droits à la pension pourront être acquis, avantages qui, d'après la loi du 26 avril 1855, ne concernent plus que les officiers.

L'admission à l'hôtel impérial des Invalides, des pensionnaires de la marine au-dessous du grade d'officier, est accordée de préférence, à ceux qui ont perdu un membre, ou qui ont reçu des blessures équivalentes, par suite de combats ou d'accidents du service. — B. O. 15 Avril 1858 p. 261.

L'embarquement comme mousse, sur les bâtiments de l'Etat ou du commerce, ou à bord de la frégate école, compte pour l'avancement et pour le droit au bénéfice de campagne, à partir de l'âge de 10 ans. — B. O. 31 Juil. 1858 p. 752 art. 7 de la loi du 18 Avril 1831, art. 192 à 194 du décret du 5 Juin 1856.

La loi du 26 avril 1855 applicable aux agents des chiourmes, l'est également aux adjudants et sous-adjudants qui se recruteront désormais parmi les sous-officiers des corps. Fixation de la retraite de ces derniers. — B. O. décret du 8 Jan. 1859 p. 3.

La loi applicable est celle du corps auquel on appartient lors de l'admission à la retraite, et le grade dont on est titulaire est aussi celui qui sert invariablement de base à la liquidation de la pension. — B. O. 2 Avril 1859 p. 219.

Manière de décompter les jours fériés ou de chômage dans les services des ouvriers. — B. O. 19 Mars 1859 p. 155.

Périodes en temps de Guerre.

(En cas d'embarquement, voir s'il y a lieu, pour les navires qui ont participé.)

	DATES.		
	17 Juin 1778.	3 Fév. 1783.	
	1er Fév. 1793.	1er Oct. 1801.	
	22 Mai 1803.	30 Mai 1814.	
Dép. des 19 Avr. 1833, 30 Août 1832 et 21 Avr. 1846.	1815.		Service de Paris, défense de Lyon et de Cherbourg.
	7 Avril 1823.	1er Oct. 1823.	Espagne (du 15 Nov. 1822 pour le département de la guerre).
	1er Juil. 1827.	1er Oct. 1830.	Navarin et Alger. Continue pour l'armée d'Afrique.
Dép. du 15 Septem. 1842.	11 Oct. 1829.	3 Juil. 1831.	Madagascar.
Dép. du 11 Juillet. 1839, spéciale à des militaires du 2e d'infanterie de marine.	1833, 1834 et 1835.		Sénégal (Waloo, Kouma, Dombo, etc.)
Dép. du 29 Mai 1840.	28 Mars 1838.	13 Oct. 1841. (traité).	La Plata.
Dép. du 29 Mai 1840.	15 Avril 1838.	6 Août 1839.	Mexique.
Dép. des 18 Déc. 1845, 24 Janv. 1846, 2 Juin 1847 et B. O. 26 Oct. 1849 p. 684 }	18 Sep. 1842.	31 Déc. 1843.	Iles Marquises.
	13 Mars 1844.	7 Janv. 1847.	Iles de la Société.
B. O. 9 Avr. 1852 p. 469.	30 Juil. 1843.	24 Juil. 1844.	Sénégal (Expéditien de Fouta).
Dép. du 25 Nov. 1844.	Août 1843.		Id. (expédition du fleuve).
Idem.	30 Mai 1844.	26 Oct. 1844.	Maroc.
Dép. du 30 Nov. 1844.	Juillet 1844.		Sénégal (expédition de 1844).
B. O. 12 Mai 1851 p. 408.	16 Mars 1849.	22 Nov. 1849.	Id. (expédition et blocus du Grand-Bassam).
B. O. 8 Oct. 1850 p. 289.	26 Mai 1849.	5 Août 1849.	Nossibé (exp. contre les Sakalaves).
Dép. du 12 Avr. 1853.	Juillet 1849.		Sénégal (Fanaye).
B. O. 19 Fév. 1850 p. 144.	de 1850 à 1852.		Expédition de la Plata. (Temps passé à terre à Montévidéo).
B. O. 22 Nov. 1853 p. 848.	25 Fév. 1853.	16 Mars 1853.	Sénégal (expédition de Bissagos).
B. O. 16 Mai 1854 p. 597.	4 Sept. 1853.	24 Oct. 1853.	id. (exp. du Grand-Bassam).
B. O. 29 Août 1854 p. 334.	19 Mars 1854.	25 Mai 1854.	id. (expédition de Podor).
B. O. 30 Janv. 1855 p. 62.	27 Mars 1854.	30 Mars 1856.	Russie.
Dép. du 28 Juin 1855 et B. O. 26 Mai 1859 p. 365.	15 Fév. 1855.		Sénégal.
B. O. 24 Fév. 1859 p. 98 et 20 Oct. 1859 p. 346.	20 Oct. 1856.	31 Déc. 1858.	Nouvelle Calédonie.
B. O. 4 Mai 1859 p. 266 et 8 Nov. 1859 p. 351.	3 Mai 1859.	8 Juil. 1859.	Autriche.
B. O. 8 Nov. 1859 p. 354.	12 Déc. 1857.		Chine et Cochinchine.

Chapitre XXX.

LÉGION D'HONNEUR, MÉDAILLE MILITAIRE, ORDRES ÉTRANGERS, ETC.

Loi du 29 Floréal an X ; ordonn. du 26 Mars 1816 ; décret des 22 Janv. 29 Fév. et 16 Mars 1852.

Le dépôt étant chargé de réunir et d'adresser à la Grande Chancellerie, les états de séries et les pièces exigées pour le paiement des traitements de la Légion d'honneur et de la Médaille militaire, les portions d'un même corps employées dans les ports ou à l'extérieur, doivent expédier, pour parvenir dans la 1re quinzaine de Janvier au plus tard, un état pour les traitements acquis pendant l'année précédente. (Circ. de la Légion-d'honneur du 15 Sept. 1854. — Mod. I du Manuel.)

A cet état, doivent être joints les certificats de cessation de paiement qui auront dû être réclamés aux Légionnaires et Médaillés, venus au corps pendant l'année, et dont le dernier traitement n'a pas été payé sur les états dressés par le dépôt.

Les militaires amputés par suite de blessures et auxquels la décoration ou la médaille militaire aura été conférée après leur admission à la retraite, auront droit au traitement. (J. M. déc. du 9 Fév. 1855 1er 1858 p. 259.)

La médaille militaire ne peut être décernée qu'aux sous-officiers et soldats présents sous les drapeaux. (Bulletin des Lois 5 Nov. 1859 n° 742 p. 801.)

Elle ne peut être décernée aux employés militaires, gardes d'artillerie, etc. (Décis. Imp. 5 Av. 1857. B. O. 9 Mai 1857 p. 399 et J. M. 27 Janvier 1859 p. 12.)

Les portions secondaires doivent continuer d'adresser directement à la Grande Chancellerie, lors de nomination ou de promotion des militaires placés sous leur administration, les pièces exigées, c'est-à-dire l'acte de naissance et l'état des services; et pour les Légionnaires, le certificat d'individualité. (J. M. 1er 1852 p. 91, 199 et 552 ; 2e 52 p. 191 1er Sept. 1855 p. 39, 117 et 910. — Déc. du 14 Mars 1853.)

L'acte de naissance peut être réclamé par les administrations publiques, cette pièce n'est pas indispensable, si elle a déjà été produite comme médaillé ou comme chevalier, par suite d'une nomination antérieure. (Lois du 21 Ventôse an 7 art. 16 et 28 Fructidor an 7. Art. 64. J. M. 2e 39 p. 304.)

Pour éviter un trop grand retard dans l'envoi des pièces ; si l'acte de naissance ne peut être produit immédiatement, les conseils ou les commandants de détachements employés à l'extérieur, sont autorisés à faire parvenir les autres documents au dépôt, lequel complète le dossier, avant l'envoi à la Grande Chancellerie, en réclamant l'acte de naissance.

Une formule de récépissé accompagne l'envoi des brevets et des décorations. Il doit être fait retour, sans délai, des récépissés signés par les parties prenantes. (Déc. du 14 Mars 1853.)

Les décorations restées sans emploi, par suite de décès des (B. O. 13 Mars 1855 p. 153)

J. M. 18 Janv. 1858 p. 11

des militaires pour lesquels elles étaient destinées, doivent être renvoyées dans des boîtes.

J. M. Circ. du 2 mars 1860 p. 117 de la grande Chancellerie.

Ces décorations, et les médailles et brevets qui n'auront pu être remis aux titulaires, seront retournés à la Grande Chancellerie.

J. M. p. 911. B. O. 30 Sept. 1853 p. 719.

L'instruction du 23 juin 1853, indique les pièces qui doivent être produites pour l'obtemption des brevets.

Mod. 5 ou 6 de la Légion-d'honneur.

Les décorés de la Légion d'honneur ou de la Médaille militaire qui quittent le corps, doivent recevoir un certificat de cessation de paiement de leur traitement. Dans le cas de passage dans un autre corps, cette pièce est envoyée au conseil d'administration de ce corps, par le détachement qui fait la mutation et qui a effectué le paiement du traitement de l'année précédente. Si le traitement n'a pas encore été payé, ce certificat est ultérieurement adressé par le dépôt, en même temps que le montant du traitement.

Décret du 25 Janvier 1852 appliquant l'art. 10 de celui du 22 Janvier

Les officiers retraités, dont la nomination dans la Légion d'honneur est antérieure au décret du 22 janvier 1852, reçoivent un certificat indiquant la date à laquelle ils ont cessé de recevoir la solde d'activité. Ce certificat a pour objet de constater leurs droits au traitement de la Légion d'honneur, par suite de leur admission à la pension de retraite.

J. M. 15 Nov. 1859 p. 303.

D'après la loi des finances du 11 juin 1859, les membres de la Légion d'honneur nommés depuis le 6 avril 1814 jusqu'au 22 janvier 1852, seront appelés successivement à jouir du traitement par rang de nomination.

Mod. 5 ou 6.

Le traitement acquis par un militaire décédé n'est point payé par le corps. Un certificat qui indique la mutation et le dernier paiement effectué, est envoyé en même temps que l'avis de décès, et les héritiers ou ayant cause doivent s'adresser directement à la Grande Chancellerie. Les traitements reçus qui n'ont pu être payés aux titulaires, sont reversés au trésor.

J. M. 10 Juin 1853 p. 907, 910 et 912, 17 Oct. 1853 p. 261, 16 Janvier 1854 p. 10 et 17 Janvier 1855 p. 19. B. O 2e 1853 p. 430 à 438. J. M. 16 Fév. 1859. p. 46.

Les militaires qui ont obtenu une décoration étrangère doivent être autorisés à l'accepter et à la porter. A la demande doivent être joints le titre original et l'acte de naissance du titulaire, s'il n'est point membre de la Légion d'honneur. La mention de la date du décret portant autorisation est faite sur la matricule.

J. M. 5 Mars 1859 p. 55.

Aucun Français ne peut porter un titre conféré par un souverain étranger sans y être autorisé.

B. O. 26 Avril 1856 p. 125, 10 Juin 1857 p. 613, 1er Août 1857 p. 681 et 23 Mars 1860 p. 285.

Les règles tracées dans le décret du 10 juin 1853 à l'égard des décorations étrangères, ne sont point applicables aux médailles qui ont été décernées par suite des expéditions de Crimée, de la Baltique et d'Italie, par l'Angleterre et par la Sardaigne. Les officiers supérieurs n'ont aucun droit de Chancellerie à payer, et tous les militaires qui les ont obtenues sont autorisés à les porter, après visa du titre qui leur est délivré.

J. M. 2e 1859 p. 173.
B. O. 2e 1859 p. 240,

Un décret du 11 août 1859 crée une médaille commémorative de la campagne d'Italie. Le ruban qui sert de support à cette médaille est renouvelé tous les trois mois au compte de la masse d'entretien. (0m 10c par homme et par trimestre).

1er Oct. 1859 p. 322 et 1er 1860 p. 124 et 275. J. M. 24 Fév. 1860 p. 130.

Mention de l'obtemption de ces médailles est également faite sur les matricules.

B. O. 24 Juin 1856 p. 549 et J. M. 16 Sept. 1858 p. 319 et 31 Déc. 1859 p. 381.

La médaille d'Angleterre n'est point décernée aux militaires reconnus indignes de la porter.

B. O. 28 Juin 1856 p. 553.

Les insignes et les brevets des militaires déchus du droit de porter une décoration doivent être restitués. Mention du décret est faite sur les matricules et états de services.

J. M. 30 Avr. 1859 p. 234
B. O. 17 Juin 1859 p. 328
J. M. 16 Fév. 1859 p. 46.

Les dispositions du titre VI du décret du 16 Mars 1852 et du décret du 24 novembre suivant, sont applicables aux titulaires de la médaille de Sainte-Hélène et des médailles de Crimée, de la Baltique et d'Italie. Les militaires porteurs de ces médailles peuvent être cassés par les généraux divisionnaires.

Décis. du 26 Fév. 1858.

B. O. 1858 p. 181 et 2e 1859 p. 475.
J. M. 6 Fév. 1860 p. 43.

Les titres des militaires de la marine rentrés dans leurs foyers en congé, soit de six mois renouvelable, soit de libération provisoire ou définitive, à l'obtemption d'une médaille commémorative, sont recueillis par les soins des généraux divisionnaires.

J. M. 22 Janv. 1857 p. 30 etc, et mod. du Bull. 2e 1856 p. 18.

Les honneurs militaires et funèbres à rendre aux décorés de la médaille militaire sont indiqués par la décision du 2 Mars 1853.

J. M. 1er 1853 p. 139.

CHAPITRE XXXI.

EMPLOYÉS MILITAIRES DE L'ARTILLERIE.

B. O. 1855 p. 299.
B. O. 11 Fév. 1860 p. 153.

Le décret du 5 juin 1855, a compris dans l'état-major particulier de l'artillerie de marine, des employés militaires, dont la position se trouve ainsi fixée, et qui ont été l'objet de diverses décisions, dont les principales seront ici rappelées. L'effectif de ces employés a été porté à 102.

Titre XI, ch. 2 sect. 3.
B. O. 2e 1849 p. 727.
B. O. 1856 p. 48.

L'ordonnance du 16 mars 1838, détermine les règles pour l'avancement, aux emplois de maîtres artificiers, ouvriers d'état et gardes d'artillerie. Le décret du 16 novembre 1849, concerne les maîtres artificiers, celui du 23 janvier 1856, a organisé le personnel des armuriers, et la décision ministérielle du 25 janvier 1859 crée dans la marine l'emploi de chefs artificiers de direction.

Les tarifs joints à l'ordonnance du 22 juin 1847, et aux décrets des 16 novembre 1849 et 23 janvier 1856, fixent la solde, les suppléments et les indemnités, des employés de l'artillerie.

J. M. 18 Juin 1856 p. 1033.
B. O. 2e 1854 p. 647.
J. M. 1er 1858 p. 519.

Les attributions de ces employés, sont définies par le réglement sur le service des arsenaux, et pour les gardes, dans les ports, par la décision ministérielle du 23 octobre 1854. La position militaire de ces derniers a été fixée le 2 juin 1858.

J. M. 1er 1852 p. 324
B. O. 1er 1852 p. 617.
B. O. 19 Mai 1857 p. 447.

Les dispositions de la loi du 19 mai 1834, sur l'état des officiers ont été appliquées aux *gardes*, *ouvriers d'état* et *maîtres artificiers*, par le décret du 28 mars 1852. Tous ces employés, sans aucune exception, sont assimilés aux officiers, pour le régime disciplinaire, et les rapports hiérarchiques.

Circ. du 29 Nov. 1847 n° 223.
J. M. 1er 1816 p. 118.

Dans la marine, les gardes d'artillerie forment deux sections ; l'une : *Section des comptables*, se compose de gardes principaux, et de gardes de 1re et 2e classe, comme au département de la guerre ; et l'autre : *Section des contrôleurs d'armes*, se compose de gardes principaux et de garde de 1re classe. Ces derniers sont pris parmi les chefs armuriers de 1re classe. Avant cette fusion, les contrôleurs d'armes, considérés comme des agents civils, étaient retraités d'après les dispositions d'une ordonnance du 25 février 1816.

Idem p. 116.
Décret du 9 nov. 1853.

Les professeurs des écoles d'artillerie, qui étaient retraités d'après une ordonnance de la même date, le sont aujourd'hui d'après la loi du 9 juin 1853 et le décret du 9 novembre 1853 sur les pensions civiles.

J. M. 2e 1846 p. 263.
J. M. 1er 1854 p. 205 et 1er 1856 p. 626.

L'uniforme des employés de l'artillerie, a été réglé par la décision du 20 août 1846, celui des chefs armuriers, par le décret du 25 février 1854, et par la décision du 16 juin 1856. Cette dernière décision, a modifié quelques-unes des parties, de la tenue des ouvriers d'état.

La circulaire du 13 mars 1844, indique les dispositions relatives aux demandes de mariage des employés de l'artillerie. J. M. 1er 1844 p. 161.

Les gardes, ouvriers d'état et maîtres artificiers, auxquels la loi du 19 mai 1834 est applicable, ne peuvent recevoir la médaille militaire, attendu que cette décoration n'est accordée qu'aux sous-officiers et soldats. Par suite, les chefs armuriers ont droit à la médaille, comme étant assimilés aux adjudants. Ces employés sont subordonnés aux adjudants sous-officiers dans les corps, et prennent rang après eux ; dans les directions ils prennent rang après les ouvriers d'état. B.O. 9 Mai 1857 p. 399, et J. M. 27 Janv. 1859 p. 12. Art. 21 du déc. du 23 Janv. 1856, modifié. B. O. 4 Av. 1857 p. 229.

Une solde de travail de 1 fr. 75 c. est accordée aux ouvriers d'état, pour les journées de présence sur les travaux. Cette solde est de 3 fr. dans les colonies. Un supplément de 50 c. est également alloué à ces employés, quand ils sont chargés de diriger un atelier. B. O 10 et 17 Oct. 1856 p. 946 et 967 et 22 Fév. 1858 p. 78.

Des élèves-gardes pris parmi les sergents du régiment et des compagnies d'ouvriers, sont employés dans les établissements de l'artillerie, et y reçoivent un supplément de solde fixée à 1 fr. Les exigences du service militaire ne permettant point de détacher des adjudants ou des sergents-majors, ces sous-officiers sont dans l'obligation de demander à rétrograder si dans le but d'être proposés pour l'emploi de garde, ils sont admis à faire le temps de stage nécessaire. Cette obligation, toujours pénible, de renoncer à un emploi supérieur qui donne droit au commandement, peut parfois s'opposer à un bon recrutement des gardes d'artillerie. D. M. des 17 Juin et 30 Déc. 1841. Circ. n° 130 du 30 Juin 1847.

Les chefs armuriers n'ont pas droit à l'indemnité de logement. Ils ne sont point portés sur les matricules des corps. B. O. 4 Avr. 1857 p. 230, et J. M. 9 Déc. 1859 p. 356.

La solde de travail des armuriers, dans les directions d'artillerie, a été fixée par arrêté ministériel du 19 Mai 1856; celle totale des armuriers des corps de troupe a été arrêtée le 13 février 1858. B. O. 1856 p. 513 et 1858 p. 66.

Quand les armuriers sont détachés, pour leur instruction, dans les manufactures d'armes de l'Etat, ils ont droit, en outre de la solde militaire et des frais de route, à la totalité du salaire de travail qui leur est alloué par la direction d'artillerie. B. O. 21 Mars 1857 p. 196,

Les conditions d'aptitude exigées des armuriers militaires détachés dans les manufactures, sont indiquées par la circulaire du 9 Juillet 1857. B. O. 1857 p. 592.

Les armuriers militaires de la marine sont administrés, sous le rapport des engagements après libération, et des rengagements, comme les autres corps de l'armée de mer qui se recrutent par la voie des appels. Il n'y a d'exceptions que pour ceux qui ont été admis, quoique mariés ou veufs avec enfants. Ces derniers ne peuvent avoir droit aux avantages de la loi du 26 avril 1855. B. O. 2 et 14 Nov. 1857 p. 940 et 976 et 2 Mars 1858 p. 82.

Le temps passé par les armuriers militaires, dans les escouades d'ouvriers armuriers, leur est compté dans la sup- B. O, 30 Juil. 1857 p. 660.

putation des services donnant droit à la haute paie d'ancienneté.

J. M. 31 Janv. 1857 p. 65.

Au département de la guerre, les chefs armuriers ne sont liés au service qu'en vertu de la commission qui leur est délivrée ; l'initiative de la mise à la retraite, pour ancienneté d'âge et de services, appartient au ministre, sauf dans le cas où les intéressés en feraient eux-mêmes la demande.

B. O. 13 Mai 1856 p. 461, mod. A ou B et 18 Janv. 1858 p. 16.

Les mémoires de proposition pour la retraite des gendarmes, armuriers, etc. doivent être appuyés d'un certificat constatant, que ces militaires étaient ou n'étaient pas liés au service, en vertu des lois des 21 Mars 1832 ou 26 Avril 1855.

B. O. 18 Juin 1858 p. 620.

Les armuriers militaires ne reçoivent, comme les ouvriers, que des distributions de vinaigre pour acidulage.

B. O. 13 Sept. 1858 p. 821.

Ils ne cessent point d'appartenir à une direction d'artillerie, quand ils sont détachés dans les divisions des équipages de la flotte.

B. O. 2 Mars 1858 p. 82.

Les chefs armuriers doivent bénéficier des dispositions de la loi sur la dotation de l'armée.

J. M. Loi du 21 Mai 1858 p. 532 et 14 Fév. 1854 p. 167.

Les gardiens de batterie sont, comme les gardes, chargés de constater les contraventions aux lois sur le domaine militaire, etc.

Chapitre XXXII.

OBJETS DIVERS.

Musique.

Une décision impériale du 5 mars 1855 avait appliqué aux musiques des corps, l'organisation des musiques de la garde impériale du 16 août 1854. Le décret du 26 mars 1860 a fixé sur de nouvelles bases le personnel et les instruments des musiques militaires. Par ce dernier décret, les élèves ont été supprimés et une 4e classe de musiciens a été formée. — J. M. 2e 1854 p. 282 et 284; 1er 1855 p. 158; 2e 1855 p. 332; 1er 1860 p. 261. D. M. 24 Janv. 1856.

Il est tenu par les corps, une matricule spéciale pour le personnel des musiques militaires. L'état des mutations s'adresse au ministère tous les trois mois. — J. M. 16 Mars 1856 p. 268.

Les musiciens de toutes classes sont traités sous le rapport du chauffage, comme les sous-officiers, et reçoivent les rations individuelles. — J. M. 5 Juil. 1856 p. 8

La masse des musiciens gagistes ne devient leur propriété, qu'après deux ans de présence sous les drapeaux, sauf le cas de retraite ou de réforme ; dans le cas contraire elle est reprise au profit du trésor. — J. M. 18 Nov. 1856 p. 472.

Le mode de nomination aux diverses classes de musiciens, est fixé par la décision du 10 février 1857. — J. M. 1er 1857 p. 90.

Le certificat de bonne conduite ne saurait être refusé aux musiciens militaires. — J. M. 20 Janvier 1858. p. 177.

Une décision du 4 mars 1858 détermine les cas, dans lesquels les musiciens doivent continuer, ou cesser d'avoir droit, à la prime de fonction. Cette prime est arrêtée tous les six mois par le conseil d'administration. — J. M. 1er 1858 p. 177.

Bien qu'assimilés aux sous-lieutenants, les chefs de musique ne sont pas officiers, et ne sauraient être l'objet d'aucune proposition tendant à les faire mettre dans les positions de non activité et de réforme déterminées par la loi du 19 mai 1834. — J. M. 1er 1858 p. 791.

Voir à la page 39 pour la 1re mise aux chefs et sous-chefs de musique, etc. — Chap. VIII

Infirmeries régimentaires, salles des convalescents, etc.

Ord. du 2 Nov. 1833.

Les instructions ministérielles indiquent la nature des maladies à traiter dans les infirmeries régimentaires ; l'assiette des locaux; les approvisionnements en médicaments à tirer des pharmacies, sauf remboursement par la masse d'entretien; — Art. 57 et instr. sur les insp. générales.

ainsi que les registres à tenir, tant pour constater les entrées et les sorties des militaires, que pour les recettes et les consommations en médicaments.

B. O. 2e 1854 p. 836.

Le réglement du casernement fixe le mobilier qui doit être fourni.

J. M. 1er 1843 p. 28 et 1er 1857 p. 65.

D. M. des 30 Août 1843 et 19 Mars 1852.

La note du 31 janvier 1857 résume et complète les dispositions de la circulaire du 3 février 1843, et règle l'approvisionnement des infirmeries régimentaires en médicaments, objets de chirurgie et ustensiles de pharmacie. Cette dernière circulaire appliquée à la marine, prescrit aux corps de tirer des hôpitaux les substances nécessaires au service de l'infirmerie.

J. M. 1er 1842 p. 253.
J. M. 1er 1841 p. 76.
J. M. 9 Mars 1860 p. 141

L'arrêté ministériel du 10 mai 1842 indique les mesures sanitaires propres à empêcher les progrès des affections syphilitiques et cutanées. La note du 6 mars 1841 est relative à la vaccination des militaires. Le traitement de la syphilis peut avoir lieu dans les infirmeries régimentaires.

B. O. 11 Fév. 1860 p. 85

Le tatouage des marins et des militaires doit être proscrit.

J. M. 21 Mai 1845 p. 445

Les officiers de santé des corps doivent produire aux inspections générales, un rapport sur l'état sanitaire depuis la dernière inspection.

B. O. 13 Juillet 1858 p. 723.
B. O. 19 Janvier 1854 p. 125.

Dans la marine, un rapport sanitaire annuel établi avant le 1er mars par le chirurgien, est envoyé en double expédition; et avant le 1er avril et le 1er octobre, pour le semestre précédent, il est dressé l'état des militaires qui, provenant des colonies, sont décédés.

Appl. par D. M. du 31 Décem. 1842.

Les dispositions concernant les salles de convalescents font l'objet d'une dépêche manuscrite de la guerre du 14 décembre 1842. Il est alloué aux militaires convalescents une ration de vin de 0l25 qui est payée par la masse d'entretien, et une ration de riz de 0k060 qui est allouée sur les feuilles de journées, d'après la mutation indiquée, et perçue des magasins de la marine.

B. O. 12 Juin 1857 p. 480 et 5 Févr. 1858 p. 31 2e 1858 p. 558.

Les aliénés ne peuvent être envoyés dans un établissement spécial, sans l'approbation du ministre. La nomenclature de ces établissements est au journal militaire.

Voir au Chap. VII p. 38 pour les écoles régimentaires.

Écoles.

J. M. 2e 1852 p. 233 et 2e 1850 p. 68.
J. M. 1er 1853 p. 287 et 2e 1859 p. 284.

L'école polytechnique a été réorganisée le 1er novembre 1852; celle spéciale militaire (à St-Cyr) les 11 août 1850 et 30 septembre 1853. Le Prytannée militaire (à la Flèche) destiné à l'éducation des fils d'officiers sans fortune, ou de sous-officiers morts au champ-d'honneur, a été institué le 23 mai 1853 et réorganisé le 8 Novembre 1859.

Annuaire de la Légion d'honneur, et J. M. ord. du 3 Mars 1816 p. 192.

La légion-d'honneur possède trois maisons d'éducation (*St-Denis, Ecouen et les Loges*) pour les filles des membres de l'Ordre sans fortune, du grade d'officier supérieur et de capitaine en activité. Les aspirantes doivent être âgées de neuf à douze ans. Les pièces à produire à M. le Grand-Chancelier, sont :

1° les états de services du père; 2° copie du titre attestant la qualité de membre de l'ordre; 3° acte de naissance; 4° extrait de baptême; 5° certificat d'un médecin, légalisé, constatant que l'enfant a eu la petite vérole ou qu'elle a été vaccinée, et qu'elle n'est point affectée de maladies chroniques ou contagieuses.

L'école d'application de l'artillerie et du génie (à Metz) a été réorganisée le 24 juin 1854. J. M. 1er 1854 p. 1109.

Les écoles d'artillerie, en ce qui concerne l'organisation et l'enseignement, sont régies par l'ordonnance du 29 mai 1835 et par le décret du 16 juillet 1850. J. M. 1835 partie supp. et 2e 1850 p. 27.

L'école centrale de Pyrotechnie de la marine créée par ordonnance du 18 décembre 1840, a été réorganisée par le décret du 26 mars 1859, abrogeant celui du 22 février 1849. Le réglement spécial déterminant les détails du service et de l'instruction est du......... B. O. 1er 1859 p. 212.

Les leçons d'escrime dans les corps, ne sont que facultatives, bien qu'elles doivent être encouragées; le prix de la leçon est fixé à trois centimes, non imputable à la masse individuelle. Les jeunes soldats ne sont admis à la salle d'escrime qu'après leur passage à l'école de bataillon ou d'escadron. L'enseignement de l'exercice du sabre est aussi facultatif. La masse générale d'entretien du corps pourvoit aux dépenses pour l'entretien du matériel de la salle d'escrime et pour gratification au maître d'armes. Ord. du 2 Nov. 1833, art. 233. J. M. 26 Juin 1833 p. 394; 5 Mai 1837 p. 424; 13 Fév. 1846 p. 136; inst. marine du 8 Nov. 1847 p. 61 et B. O. 6 Mai 1858 p. 479.

Indemnités pour missions, travaux, emplois spéciaux, etc.

Une dépêche de la marine fixe, d'après les décisions de la guerre des 2 novembre 1836 et 16 octobre 1840, les indemnités de déplacements, de séjour, pour missions et travaux extraordinaires. D. M. 10 Mai 1841.

L'ordonnance du 16 septembre 1843, ramène à un taux uniforme (*la solde de 1re classe du grade avec supplément du tiers*), les traitements des officiers attachés aux différentes écoles militaires. J. M. 2e 1843 p. 227.

Les dispositions de cette ordonnance sont applicables aux officiers chargés des fonctions de professeurs dans les écoles d'artillerie et aux lieutenants, leurs adjoints. J. M. décret du 16 Juil. 1850 p. 27.

Une décision impériale du 16 novembre 1854 concerne les allocations de solde afférentes aux officiers, sous-officiers et soldats, attachés aux écoles militaires et aux établissements pénitentiaires. J. M. 2e 1854 p. 657.

Les tarifs de la solde des officiers et employés de la marine, qu'on peut avoir à consulter, sont du 15 août 1856. Le tarif n° 30 indique les suppléments accordés aux officiers d'artillerie employés dans les usines. Ces suppléments pour les officiers détachés, ne sauraient être décomptés dans les revues des B. O. 1856 p. 703 et 732 corps, et doivent faire l'objet d'un mandat particulier au titre du service.

B. O. art. 11 du décret du 26 Mars 1859 p. 212.

Les officiers et les employés militaires attachés à l'école de Pyrotechnie reçoivent, à titre d'indemnité, un supplément de solde égal au tiers de leurs appointements.

Correspondance. Franchises.

J. M. 2e 1844 p. 579.

L'ordonnance concernant les franchises est du 17 novembre 1844. Depuis cette époque, de nombreuses additions ont été faites, et il y a lieu, au besoin de consulter le journal militaire.

Dep. manust. de la mar.

Le mode de correspondance, ou relations de service avec l'autorité supérieure, est déterminé par la dépêche du 8 novembre 1845.

J. M. 9 Février 1859 p. 30, art. 650 de l'ord.

Les lettres de service destinées aux conseils d'administration des corps de troupe, doivent porter pour suscription : *A M. le Président du conseil d'administration du.....* Pour se conformer à cette prescription, les envois aux corps ou détachements qui n'ont pas de conseil doivent néanmoins être ainsi adressés.

B. O. 24 Mars 1859 p. 194.

La correspondance des ports avec les consuls de France en Angleterre, doit être dirigée sur le ministère de la marine.

D. M. 9 Juin 1859.

Le trésorier du corps doit mettre son visa sur les lettres dont les destinataires sont inconnus.

J. M. 24 Nov. 1859 p. 316 et 10 Féur 1860 p. 94.

Les certificats de présence sous les drapeaux sont assimilés à la correspondance de service et peuvent circuler en franchise; il en est de même pour ceux d'inscription sur les contrôles de la réserve, et pour les extraits mortuaires destinés à constater les droits à l'exemption.

J. M. 19 Janvier. 1860 p. 15 et D. M. 23 Févr. 1860.

Les dépêches envoyées par les corps aux portions composant l'expédition de Chine, doivent être affranchies au départ (0,30 c. par 7 grammes 1/2). La dépense est remboursée par le chap. 14 art. 14 du budget.

B. O. 16 Déc. 1852 p. 601 et circ. du 8 Mars 1853.

Il est interdit aux personnes de tout grade, appartenant à la marine, de faire quelque publication que ce soit, sans l'autorisation du ministre.

Tabac de cantine.

B. O. 2e 1853 p. 521 et 1er 1854 p. 290.

Le décret du 10 août 1853 a appliqué à la marine, celui du 29 juin même année, concernant le tabac à prix réduit qui doit être livré aux troupes. La décision du 8 mars 1854 contient les dispositions pour l'exécution de ce décret. Les bons sont de 100 grammes pour une période de dix jours. Des approvisionnements peuvent être faits pour le cas d'embarquement.

Ord. du 2 Nov. 1833 inst. sur les instructions générales.

Blanchisseuses-vivandières.

J. M. 1er 1832 p. 274 et 284.

L'ordonnance du 14 avril 1832 et la circulaire du 18 du même mois, déterminent le nombre de femmes à la suite des corps.

(4 par bataillon d'infanterie, 1 par compagnie, escadron ou batterie dans les autres armes, et 4 par compagnie de discipline).

Les blanchisseuses-vivandières sont commissionnées par les chefs de corps. Les femmes de sous-officiers ne peuvent recevoir cette commission. J. M. 18 Sept. 1839 p. 235.

Elles ont droit au passage gratuit sur les bâtiments de l'État pour l'aller et le retour. J. M. 8 Août 1834 p. 46 et 21 Mai 1836, p. 388.

Elles n'ont point droit aux convois, mais l'indemnité de route leur est allouée lorsqu'elles quittent le corps par suite de réforme, retraite ou décès du mari, ou lorsqu'elles rentrent des prisons de l'ennemi. J. M. 23 Févr. 1836 p. 50 et ord. du 20 Déc. 1837.

Chaque blanchisseuse prend part aux fournitures de couchage, et une chambre basse dans les casernes lui est allouée. J. M. 1er 1836 p. 469.

En campagne, les cantiniers des régiments reçoivent leurs patentes des conseils d'administration. Ord. du 3 Mai 1832, art. 174.

SUPPLÉMENT AU CHAPITRE XXII.

D'après un projet de loi présenté le 1er juin 1860, quelques modifications importantes seraient faites aux articles 11, 13, 17 et 18 de la loi du 26 avril 1855. Les rengagements seraient de deux à sept ans et, dans certains cas, pourraient être contractés par tous les militaires, dans la quatrième année de leur service obligé. Après moins de deux ans depuis la libération, les engagements de 2 à 7 ans donneraient droit aux avantages de la loi sur la dotation de l'armée ; et dans les cas de réforme ou de retraite par suite de blessures reçues ou d'infirmités contractées dans un service commandé, comme dans celui de décès, au lieu de la part proportionnelle acquise, c'est la totalité des allocations de la prime qui serait payée, soit aux militaires, soit à leurs héritiers ou ayants cause.

L'adoption de ces dispositions, toutes favorables à l'armée, nécessiterait des annotations aux pages 76, 77, 78 et 95.

TARIFS, FORMULES ET MODÈLES.

Le mécanisme de la comptabilité des corps sera mieux compris, si en outre du texte de l'ordonnance de 1847, on étudie encore les tarifs et les modèles. Un complément aux modèles de la 2e partie, donne de nombreux exemples pour la tenue des registres et indique la corrélation qui existe entre les allocations et les dépenses. Mais comme il n'est pas toujours possible d'avoir ces documents à sa disposition, on a cherché à y suppléer dans un grand nombre de cas, par les détails que contient le manuel. Les matières qui suivent comprennent, des extraits des tarifs en vigueur ; des formules en usage au régiment d'artillerie pour les mutations matriculaires, et des modèles spéciaux qui ont pour objet de simplifier les écritures des détachements, tout en résumant leurs opérations financières, et en donnant au dépôt chargé de centraliser, les renseignements administratifs qui lui sont nécessaires.

Tous les documents doivent porter en tête : le titre de l'arme et du corps ; la désignation de corps entier, dépôt ou fraction ; le lieu de station ou la position particulière du corps ou du détachement. Comme ces indications se trouvent en blanc sur les imprimés en usage, on a pu se dispenser de les donner sur les modèles de ce manuel.

Il est utile de rappeler sur les états et pièces de comptabilité, les instructions en vertu desquelles ces documents sont dressés ; comme aussi d'indiquer l'année, le trimestre ou le mois que la pièce concerne. Si cette pièce est une justification de recette ou de dépense, elle doit porter encore le n° d'inscription au Registre-Journal, et l'annotation faisant connaître le titre de classification, comme : *solde, masse individuelle, dotation, etc.*

Les registres et les pièces justificatives sont arrêtés *en toutes lettres* et sans aucune rature. Les surcharges, s'il y en a, doivent être approuvées.

Les documents sont vérifiés, datés et signés, suivant les prescriptions réglementaires indiquées généralement sur les modèles, soit par le conseil, soit par le commandant de compagnie ou de détachement. Le visa du commissaire aux revues chargé de la police administrative du corps, ne doit pas être omis si la pièce l'exige, mais pour les documents à transmettre directement au dépôt par un détachement, le manque de visa ne saurait retarder l'envoi, sauf à en faire connaître le motif dans la correspondance.

EXTRAITS DES TARIFS.

OFFICIERS DE TOUTES ARMES ET EMPLOYÉS MILITAIRES DE L'ARTILLERIE.		SOLDE DE PRÉSENCE par an.	par mois.	par jour.	SOLDE par jour en congé ou en captivité.
Général de division		15000 fr »	1250 fr »	41 666	20 833
Général de brigade		10000 »	833 333	27 777	13 888
Colonel	d'Artillerie ou d'Etat-major d'infant^e de marine.	6250 »	520 833	17 361	8 680
	d'infanterie	5000 »	416 666	13 888	6 944
Lieuten^t-Colonel	d'artillerie ou d'Etat-major	5300 »	441 666	14 722	7 361
	d'infanterie	4300 »	358 333	11 944	5 972
Chef d'escadron, Chef de bataillon ou major.	de Gendarmerie, d'Artillerie ou d'Etat-Major	4500 »	375 »	12 500	6 250
	d'Infanterie et Capitaine de la compagnie de discipline	3600 »	300 »	10 »	5 »
Capitaine	de Gendarmerie, commandant de compagnie ou trésorier	3000 »	250 »	8 333	4 166
	en 1re et chirurgien-major d'artill. ou de 1re cl. d'Etat-major	2800 »	233 333	7 777	3 888
	de Gendarmerie commandant d'arrondissement.	2700 »	225 »	7 500	3 750
	en 2e ou en résidence d'artil., de 2e classe d'Etat-major ou de 1re cl. d'infan., chirurgien-major d'inf. et lieutenant trésorier de gendarmerie	2400 »	200 »	6 666	3 333
	de 2e cl. d'inf. et lieutenant de la comp. de disc.	2000 »	166 666	5 555	2 777
Lieutenant	de Gendarmerie, commandant d'arrondissement ou trésorier	2100 »	175 »	5 833	2 916
	en 1re et chirurgien-aide-major d'artillerie	1850 »	154 166	5 138	2 569
	d'Etat-maj. et chirurg.-aide-maj. d'inf., s.-lieut^t de gendarmerie command. d'arrondissement et garde principal d'artillerie	1800 »	150 »	5 »	2 500
	en 2^d ou s.-lieut. et chef de musique d'artill.	1650 »	137 500	4 583	2 291
	de 1re classe d'infanterie	1600 »	133 333	4 444	2 222
	de 2^e cl. d'inf. et s.-lieut. de la comp. de discip.	1450 »	120 833	4 027	2 013
Sous-Lieutenant	Porte-drapeau d'infanterie,	1400 »	116 666	3 888	1 944
	d'Etat-major, Garde d'artillerie de 1re cl., chef ouvrier et maître artificier	1500 »	125 »	4 166	2 083
	d'infanterie	1350 »	112 500	3 750	1 875
Garde d'artillerie de 2e classe, sous-chef ouvrier et chef artificier de direction		1200 »	100 »	3 333	1 666
Gardien de batterie	1re classe	1000 »	83 333	2 777	1 388
	2e classe	800 »	66 666	1 222	1 111
Ouvrier d'état		540 »	45 »	1 500	0 750

OBSERVATIONS.

Les officiers d'état-major d'infanterie de marine sont ceux qui ne font pas partie des cadres constitutifs des régiments.

La solde de présence est celle *en station, embarqué* ou *en campagne*, sauf pour les officiers généraux, les officiers de gendarmerie et les employés de l'artillerie, lesquels, sur le pied de guerre ou en campagne, reçoivent une solde supérieure fixée par les tarifs.

Les capitaines exerçant les emplois de major, adjudant-major, trésorier, d'habillement, de parc, et les officiers d'armement ou adjoints aux comptables, reçoivent la solde de leur grade et de leur classe.

Les officiers payeurs et les officiers d'habillement dans l'infanterie de marine, ont la solde de la 2e classe du grade supérieur à celui dont ils sont pourvus, et les officiers payeurs et d'habillement dans l'artillerie, ont la solde immédiatement supérieure à celle affectée à leur classe ou à leur grade. Cette disposition est appliquée aux adjudants faisant fonctions d'officiers payeurs et d'habillement.

L'augmentation de solde n'est allouée que pour les journées de présence. En captivité, ces officiers comptables n'ont, dans l'infanterie que la moitié de la solde de la dernière classe du grade, et dans l'artillerie, que la moitié de la solde du grade et de la classe. Dans la même position de captivité, le capitaine et le lieutenant de la compagnie de discipline et le porte-drapeau dans l'infanterie, ne reçoivent que la moitié de la solde du grade.

La solde en marche en corps ou en détachement, est celle de station augmentée en France, de 5 fr. pour les colonels et lieutenant-colonels; 4 fr. pour chef de bataillon; 3 fr. pour capitaine, et de 2 fr. 50 pour lieutenant et sous-lieutenant. Aux colonies cette augmentation ou supplément de solde est de moitié pour les officiers supérieurs; réduite à 1 fr. 25 pour les capitaines, et est la même pour les lieutenants et sous-lieutenants.

Le supplément dans Paris est de 1/5 pour les officiers supérieurs; de 1/4 pour les capitaines et de 1/3 pour les lieutenants, sous-lieutenants et employés de l'artillerie; sauf les ouvriers d'état dont le supplément de solde est de 0,60.

Le supplément à la solde de route, pour les distances d'étapes parcourues en un jour en sus de la première, est de 2 f. pour colonel et lieutenant-colonel: 1 f. 20 pour capitaine et 1 f. pour lieutenant et sous-lieutenant.

Le supplément spécial de 150 fr. par an, ou 0,416 par jour, aux capitaines, lieutenants et sous-lieutenants, est alloué dans toutes les positions donnant droit à une solde d'activité, et doit nécessairement s'ajouter aux fixations du tarif pour les titulaires de ces grades seulement.

L'indemnité extraordinaire en rassemblement est par mois de 60 fr. pour officier supérieur; 40 fr. pour capitaine; 30 fr. pour lieutenant et sous-lieutenant; 24 fr. pour garde d'artillerie, chef et sous-chef ouvrier et 18 fr. pour gardien de batterie et ouvrier d'état. (J. M. 1er 1855 p. 312 et 2e 1855 p 264).

Le supplément colonial est de la moitié de la solde pour les officiers supérieurs; des 3/4 pour les capitaines et du double pour lieutenants et sous-lieutenants et employés de l'artillerie.

La solde d'hôpital est celle de la position de présence, ou de congé avec solde, diminuée de 3 fr. pour les officiers supérieurs et le capitaine de la compagnie de discipline; 2 fr. pour les capitaines; de 1 fr. 50 pour les lieutenants; de 1 fr. 25 pour les sous-lieutenants, et du tiers de la solde pour les employés de l'artillerie. Aux colonies, la retenue d'hôpital est augmentée dans la même proportion.

La solde de disponibilité, pour les officiers de l'état major de l'infanterie et de l'artillerie, est la moitié de la solde d'activité et des indemnités de logement et de fourrage.

La solde de non activité est moitié de celle d'activité de la dernière classe du grade; sauf les lieutenants et sous-lieutenants qui en reçoivent les 3/5. Pour les officiers sortis de l'activité par retrait ou par suspension d'emploi, la solde n'est que des 2/5 de celle d'activité.

L'indemnité de route pour les officiers et employés se décompte :

1° En indemnité de transport qui est par kilomètre, sur les routes ordinaires: de 0,16, pour les officiers supérieurs et de 0, 14 pour les autres; et sur les routes ferrées : 0, 04 pour les premiers et de 0, 035 pour les seconds;

2° En indemnité de route par journée passée en route ou par étape et par séjour; laquelle est la même que le supplément de solde en marche en corps, mais qui est payée au même titre que la première.

OFFICIERS DE TOUTES ARMES ET EMPLOYÉS MILITAIRES DE L'ARTILLERIE.		Gratification d'entrée en Campagne.	Indemnité pour perte d'effets.	Indemnité de logement par an.	Indemnité représentative de fourrage par jour.	Gratification de 1re mise aux s.-officiers promus.
Général de division		6000 »	3000 »	1800 »	6	•
Général de brigade		4000 »	2000 »	1200 »	4	•
Colonel	d'Etat-major	1800 »	900 »	960 »	2	•
	d'Artillerie		600 »			
	d'Infanterie	1200 »				
Lieutenant-Colonel.	d'Etat-major	1200 »	800 »	840 »	2	•
	d'Artillerie		700 »			
	d'Infanterie	1000 »				
Chef de Bataillon d'Escadron ou Major.	d'Etat-major	1000 »	700 »	720 »	1	•
	d'Artillerie		600 »			
	d'Infanterie	900 »				
Capitaine	d'Etat-major	700 »	500 »	360 »	1 (1)	•
	d'Artillerie et Adjudant-major d'Inf.		400 »		2 (1)	•
	d'Infanterie	600 »			1 (1)	•
Lieutenant et Sous-Lieutenant	d'Etat-Major	500 »	400 »	240 »	1 (1)	•
	d'Artillerie				1 (1)	700 »
	Officier payeur d'infanterie		300 »		•	•
	d'Infanterie	400 »			1 (1)	550 •
Officiers de santé	Chirurgien-major	900 »	600 »	360 »	•	•
	Chirurgien-aide-major	600 »	400 »	240 »	•	•
Garde principal, Garde d'artillerie, Maître et Chef artificier, Chef et Sous-Chef ouvrier d'état		400 »	•	180 »	•	400 (2)
Gardien de batterie		300 »	•	180 »	•	170 »
Ouvrier d'état		200 »	•	120 »	•	•

OBSERVATIONS.

L'indemnité de lit de bord pour les officiers de tous grades et employés de l'artillerie est de 50 fr. sur les navires de l'Etat.

Celle de transport pour chaque cheval est de 400 fr. ou de 600 fr. pour les colonies au-delà des caps de Horn et de Bonne-Espérance.

L'indemnité pour frais de représentation est de 1800 fr. pour le colonel; 1500 fr. pour un lieutenant-colonel et 800 fr. pour un chef de bataillon commandant une portion de corps. Dans ces indemnités sont comprises celles de 300 fr. au colonel et au l-colonel et 200 fr. au chef de bataillon pour frais de bureau. Cette dernière partie n'est point passible comme la 1re de la retenue de 2 p. 0/0 et l'intérimaire qui ne serait pas officier supérieur y aurait droit. Aux colonies les deux parties de l'indemnité sont doubles, et une indemnité de 600 fr. est accordée aux intérimaires de fonctions spéciales.

La gratification d'entrée en campagne, est augmentée de moitié dans les colonies. Les officiers d'infanterie employés comme officiers d'ordonnance y ont droit sur le même pied que les officiers d'état-major.

L'indemnité pour perte de chevaux est basée sur le nombre de rations de fourrages, chaque cheval à raison de 450 fr. sauf pour l'infanterie et les officiers de santé, dont le taux est de 400 fr. (1) Les rations de fourrages indiquées au tarif pour les capitaines et les lieutenants ne concernent que les officiers d'ordonnance. L'indemnité représentative qui est de un franc est double dans les colonies. Voir le tarif n° 30 de l'ordonnance pour le nombre de rations de toute nature sur le pied de guerre.

L'indemnité d'ameublement est du tiers pour les officiers généraux et supérieurs, et de la moitié pour les autres officiers et employés, de celle de logement. Ces indemnités sont doubles aux colonies, et de moitié en sus à Paris, pour les officiers qui ont droit au supplément de solde. L'indemnité indiquée est celle du grade; le capitaine et les lieutenants de la compagnie de discipline reçoivent l'indemnité de logement du grade supérieur. Le tarif n° 15 indique celle pour emplacement et ameublement des bureaux des majors et officiers comptables. D'après les tarifs de la guerre du 11 mai 1856, dans la gendarmerie, les trésoriers ont l'indemnité de logement de capitaine. Voir ces tarifs spéciaux à la gendarmerie au Jal Mre, eu égard à la décision du B. O. de 1856 p. 490, et à celle du 29 juillet 1859, J. M. p. 50.

La gratification de 1re mise au s.-officiers promus est de moitié en sus aux colonies. (2) Pour la promotion à des emplois de l'artillerie, les tarifs de 1847 n'indiquent point le droit à cette gratification, mais une décision impériale du 20 avril 1859 (J. M. p. 208) l'accorde aux gardes d'artillerie. Il est probable que par assimilation les autres employés militaires doivent jouir des mêmes avantages ; la gratification d'entrée en campagne leur étant accordée. (Voir les tarifs de la guerre et J. M. 1er 1854 p. 1165).

Consulter pour l'indemnité de frais de bureau des corps et portions de corps le B. O. 2e 1859 p. 259. On n'a indiqué ici que celle qui doit être allouée aux détachements n'ayant pas de conseil.

		EN FRANCE.	AUX COLONIES ou à bord des bâtiments.
Indemnité de frais de bureau au Commandant d'une portion de corps s'administrant séparément, mais n'ayant pas de Conseil, pour	une compagnie et une fraction de compagnie.	400 »	500 »
	une compagnie	200 »	300 »
	un détachement de 50 hommes et plus	150 »	200 »
	id. de moins de 50 hommes	100 »	150 »

Dans les compagnies d'ouvriers une indemnité personnelle de 0,50 par jour est accordée au sous-officier chargé des détails de la comptabilité, et dans la gendarmerie, le maréchal-des-logis adjoint au trésorier reçoit un supplément de solde de 150 fr. par an.

SOUS-OFFICIERS ET SOLDATS.		Solde de présence par jour: Embarqués avec vivres ou isolés sans vivres.	Solde de présence par jour: En station avec le pain, ou aux colonies avec vivres.	Supplém' de solde dans Paris par jour.	Solde en semestre en congé par jour.
Infanterie de Marine.	Adjudant sous-officier et chef armurier	1fr 98	2 13	0 540	0 900
	Sergent-major et sergent-major chef de fanfare	1 08	1 23	0 220	0 400
	Sergent de 1re classe	0 80	0 95	0 188	0 380
	— de 2e cl. clairon ou chef de fanfare et fourrier	0 70	0 85	0 188	0 380
	Fourrier	0 60	0 75	0 148	0 310
	Caporal clairon	0 53	0 68	0 148	0 210
	— de 1re classe et caporal sapeur	0 46	0 61	0 125	0 125
	— de 2e classe	0 41	0 56	0 150	0 150
	Clairon	0 35	0 50	0 125	0 125
	Soldat de 1re classe et sapeur	0 30	0 45	0 050	0 050
	— de 2e classe et musicien	0 25	0 40	0 075	0 075
	Enfant de troupe avant l'âge de 14 ans	0 10	0 25	0 050	0 050
	— à 14 ans	0 25	0 40	0 075	»
				0 050	»
Régiment d'Artillerie.	Adjud. s.-offi. chef armurier et s.-chef de musique	3 »	3 15	0 948	1 410
	Sergent-major, chef artificier et musicien de 1re cl.	1 72	1 87	0 476	0 720
	Sergent, sergent-fourrier et musicien de 2e classe	1 06	1 21	0 292	0 490
	Caporal-fourrier	0 96	1 11	0 292	0 390
	Caporal trompette	0 79	0 94	0 255	0 255
	Caporal et musicien de 3e classe	0 67	0 82	0 255	0 255
	Artificier	0 51	0 66	0 180	0 180
	Canonnier servant de 1re classe	0 41	0 56	0 130	0 130
	— — de 2e classe	0 32	0 47	0 085	0 085
	Trompette	0 42	0 57	0 085	0 085
	Enfant de troupe, avant l'âge de 14 ans	0 135	0 285	0 092	»
	— à 14 ans	0 32	0 47	0 085	»
Compagnies d'Ouvriers d'Artillerie.	Sergent-major	2 07	2 22	0 616	0 895
	Sergent et sergent-fourrier	1 06	1 21	0 292	0 490
	Caporal fourrier	0 96	1 11	0 292	0 390
	Caporal	0 84	0 99	0 340	0 240
	Maître ouvrier	0 79	0 94	0 315	0 315
	Ouvrier de 1re classe	0 68	0 83	0 265	0 265
	— de 2e classe	0 53	0 68	0 190	0 100
	— de 3e classe	0 43	0 58	0 140	0 140
	Trompette	0 53	0 68	0 140	0 140
	Enfant de troupe avant l'âge de 14 ans	0 19	0 34	0 120	»
	— à 14 ans	0 31	0 46	0 080	»
Gendarmerie maritime.	Maréchal-des-logis	3 2388	2 7388	0 6500	1 3694
	Brigadier	2 8611	2 4611	0 5944	1 2305
	Gendarme	2 3838	1 8055	0 4444	0 9027
Compagnie de Discipline.	Sergent-major	1 98	2 13	»	0 90
	Sergent et sergent fourrier	1 28	1 43	»	0 40
	Fourrier	1 18	1 33	»	0 30
	Caporal	0 78	0 93	»	0 21
	Clairon	0 53	0 68	»	0 125
	Fusilier ou Pionnier	0 25	0 35	»	0 050
	Enfant de troupe	0 10	0 25	»	»
Agents de Surveillance des Chiourmes.	Sergent-Major	1 57	1 72	»	0 720
	Premier Sergent	0 88	1 03	»	0 475
	Second Sergent	0 78	0 93	»	0 425
	Caporal	0 56	0 71	»	0 275
	Garde	0 40	0 55	»	0 020
	Tambour	0 50	0 65	»	0 020

OBSERVATIONS.

Pour les sous-officiers entretenus des chiourmes voir le tarif n° 25. B. O. 2e 1856 p. 727.

Les hommes de recrue, avant leur arrivée au corps et quand ils voyagent en détachement, reçoivent avec le pain une solde spéciale qui est uniformément fixée à 0,55 par jour.

Voir les tarifs de l'ordonnance, pour la solde des maîtres ouvriers gagistes.

Les enfants de troupe reçoivent la solde de tambour, trompette ou clairon, s'ils en font titulairement le service.

Les sous-officiers, caporaux et soldats d'infanterie de marine, attachés au bataillon des apprentis fusiliers, reçoivent les vivres en nature, sur le même pied que les marins, et n'ont droit qu'à la solde *embarqués*. Consulter pour le cadre de ce bataillon le décret d'organisation du 10 décembre 1856, le décret du 3 du même mois pour le service intérieur et celui du 11 août 1856 sur la solde et l'administration des équipages, qui remplace le décret du 19 octobre 1851 cité page 4 du manuel (B. O. 1856, partie supplémentaire).

Consulter le tarif n° 9 du 22 juin 1847 pour les suppléments aux agents des chiourmes, et pour la gendarmerie les tarifs du 11 mai 1856.

Au régiment d'artillerie les ouvriers en bois ou en fer ont la solde de leur classe de canonnier, avec un supplément de 0,05 pour les journées de présence seulement.

La solde en marche en corps est celle de station augmentée de 0,85 pour les adjudants; de 0,25 pour les sergents-majors; de 0,20 pour les sergents, fourriers et enfants au-dessous de 14 ans et de 0,10 pour les caporaux et soldats. Le supplément pour les distances parcourues en un jour en sus de la première étape est de 0,40 pour adjudant; 0,16 pour sergent-major; 0,14 pour sergent et fourrier et 0,10 pour caporal, soldat et enfan.

Aux fixations indiquées par la solde *de station* doit s'ajouter le supplément d'ordinaire de 0,03 par jour. (voir page 85 du manuel). Les gendarmes n'ont pas droit au pain.

L'indemnité extraordinaire en rassemblement est de 0,15 pour adjudant; 0,08 pour sous-officier et 0,05 pour caporal et soldat.

La solde d'absence pour détention, quand elle doit être rappelée, est celle de congé.

La solde d'hôpital est de 0,10 pour les caporaux et soldats qui sont tambours, trompettes ou clairons. Elle est de 0,533 pour l'adjudant d'infanterie et le sergent-major de la compagnie de discipline, et de 0,873 pour l'adjudant d'artillerie. Dans le cas de congé avec solde, cette solde d'hôpital est réduite à 0,266 ou à 0,536. Les autres sous-officiers et soldats n'ont pas de solde à l'hôpital.

L'indemnité au vaguemestre est de 0,15 pour une compagnie avec un supp. de 0,05 pour chaque compagnie au-dessous de cinq. Cette indemnité est de 0,50 de 5 à 9 c.; de 0,75 de 10 à 14 c. et de 1 fr. pour 15 compagnies et au-dessus. Ces fixations sont doublées aux colonies.

Masse individuelle, hautes paies, etc.				INFANTERIE	ARTILLERIE	
Masse individuelle.	1re mise.	Adjudants		140 »	170 »	moitié en sus aux colonies.
		Maîtres ouvriers		170 »	170 »	
		de petit équipement		40 »	49 »	
		supplément		10 »	10 »	pour les hommes provenant d'un corps de troupe à cheval
		provisoire		12 »	12 »	pour les hommes susceptibles de réforme.
	Prime journalière.	Adjudants	en France.	0 28	0 36	avec un supplément de 0,05 en campagne.
			aux colonies.	0 42	0 54	—
		Maîtres ouvriers		0 24	0 24	—
		Sous-officiers et soldats		0 10	0 10	—
	Complet de la masse.	Maîtres ouvriers		80 »	80 »	—
		Sous-officiers et soldats		35 »	40 »	—
Hautes paies	1 chevron après 7 ans.	Sous-officiers		0 10	0 15	alloc. double aux colonies.
		Caporaux et soldats		0 08	0 12	—
	2 chevrons après 11 ans.	Sous-officiers		0 15	0 20	—
		Caporaux et soldats		0 10	0 15	—
	3 chevrons après 15 ans.	Sous-officier		0 20	0 25	—
		Caporaux et soldats		0 15	0 20	—
	Au caporal sapeur et aux sapeurs.			0 05	» »	—
	Au sergent clairon.			0 328	» »	—
Gratification aux instructeurs, pour chaque comp. active.				20 »	50 »	

EXTRAITS des Tarifs pour la pension de retraite.

DÉSIGNATION DES GRADES OU EMPLOIS.	MINIMUM.	ACCROISSEMENT pour chaque année en plus.	MAXIMUM.
Colonel	2400 »	30 »	3000 »
Lieutenant-Colonel	1800 »	30 »	2400 »
Chef de bataillon	1500 »	25 »	2000 »
Capitaine	1200 »	20 »	1600 »
Lieutenant, Garde-d'artillerie, Chef ouvrier et Maître artificier	800 »	20 »	1200 »
Sous-Lieutenant, Sous-Chef ouvrier et Chef artificier (1)	600 »	20 »	1000 »
Adjudant sous-officier	565 »	10 »	765 »
Sergent-major	465 »	10 »	665 »
Sergent	415 »	7 50	565 »
Caporal	385 »	6 »	505 »
Soldat	365 »	5 »	465 »
Garde principal d'artillerie	1000 »	20 »	1400 »
Gardien de batterie (2)	465 »	10 »	665 »
Ouvrier d'état (3)	400 »	10 »	600 »

OBSERVATIONS.

D'après la loi du 26 avril 1855 le minimum est acquis à 25 ans de service effectif, et le maximum à 45 ans, campagnes comprises, aux sous-officiers et soldats.

Le même droit est acquis aux officiers qui ont six ans de navigation ou neuf ans de colonies ; dans le cas contraire le minimum est acquis à 30 ans et le maximum à 50.

La pension de retraite est augmentée d'un cinquième, après douze ans accomplis d'activité dans le grade.

L'amputation de deux membres ou la perte totale de la vue donne droit au maximum, quelle que soit la durée des services, et ce maximum est encore augmenté pour le sergent de 50 fr. ; pour le caporal de 60 fr. et pour le soldat de 65 fr.

L'amputation d'un membre, ou la perte absolue de l'usage de deux membres, donne également droit au maximum quelle que soit la durée des services.

Les autres blessures ou infirmités, dans les cas prévus par la loi, donnent droit au minimum, lequel est augmenté de l'accroissement, soit d'après les années de service et de campagnes ; soit d'après celles cumulées après 25 ou 30 ans.

La pension des veuves, est du quart du maximum. Elle est de la moitié si le mari a été tué sur le champ de bataille ou par des événements de guerre, ou si la mort a été la suite de blessures reçues devant l'ennemi.

(1) *Le chef artificier a été indiqué ici par assimilation.*

(2) *Ou la pension d'adjudant s'il avait été pourvu de cet emploi.*

(3) *La pension des ouvriers d'état a été fixée par décret du 28 mars 1852, et se trouvait être ainsi de 150 fr. plus élevée que celle du sergent, mais comme d'après la loi de 1855 une augmentation de 165 fr. a été faite à la pension de retraite des sous-officiers et soldats, il est probable que la même augmentation doit s'appliquer aux ouvriers d'état.*

FORMULES DE MUTATIONS MATRICULAIRES.

MUTATIONS. — FORMULES.	OBSERVATIONS.
OFFICIERS. (Etat modèle n° 66, article 682 de l'Ordonnance.)	
Etat-Civil.	
1° Marié le..... à d.... domiciliée à..... canton d..... départ. d..... suivant autorisation ministérielle du....	1° Joindre à l'état des mutations, l'avis du mariage et l'extrait du contrat.
2° Veuf le.....	2° *id.* L'extrait de l'acte de décès.
Venant d'un autre service de l'arme, etc.	
Arrivé au corps le..... (1) comme (A, B, C, D). A, Venu pour son grade d..... (2) B, Promu au grade de..... par décret impérial du..... provenant des..... *grade inférieur*..... de..... (2) C, Promu à l'emploi de..... par décision ministérielle du..... provenant des..... *emploi inférieur*... de... (2) D, Venu de la non-activité par décret impérial du... pour prendre rang du...	(1) Cette date doit toujours être celle de la dépêche ministérielle indiquant la mutation, et non celle de l'arrivée réelle à la portion de corps. Cette dernière n'est nécessaire que pour le contrôle. Qu'il soit arrivé ou non, l'officier compte à l'effectif de la date de la décision qui l'a fait passer au régiment. (2) L'état-major de l'arme; la direction d'artillerie de...; la fonderie de...; la 2e compagnie d'ouvriers de l'arme; l'école d'application de Metz; des sous-officiers d... etc.
Promotions et changement de position.	
1° Venu des...... *grade inférieur* de la e compagnie ayant été promu au grade de..... par décret impérial du... (*Dépêche ministérielle du.....*) 2° Venu des..... *emploi inférieur* de de la e compagnie ayant été promu à l'emploi de... par décision ministérielle du..... (*Dépêche du.....*) 3° Venu pour son grade de la e compagnie ou de l'état-major du régiment. (*Dépêche ministérielle du.....*)	L'état des officiers devant indiquer la position au 1er de chaque mois, ce renseignement et la date de la dépêche ordonnant le mouvement sont placés entre parenthèses, pour faire connaître que l'inscription ne doit être faite ni sur les feuillets, ni sur la matricule. Il n'est donc indiqué de mutations de contrôles, que dans le cas où ces mutations influent sur la présence ou l'absence de l'officier au 1er jour du mois. Ainsi une mutation d'hôpital, de permission, etc., n'est portée pour mémoire, que si elle subsiste encore à la date de l'état. Pour l'officier non encore arrivé, au lieu de l'indication : (présent) on inscrit à la suite du nom ou de la mutation : (attendu de...) ou (maintenu à...) ou (détaché à...) Les grades de lieutenant et de capitaine comprennent dans l'artillerie, les emplois en premier et en second, et non de 1re, et 2e classe.

<table>
<tr><th>MUTATIONS — FORMULES.</th><th colspan="2">OBSERVATIONS.</th></tr>
<tr><td>Passés à une autre position dans le corps ou à une autre service de l'arme.</td><td colspan="2"></td></tr>
<tr><td>Passé pour son grade à la ᵉ compagnie ou à l'état-major du régiment ou à... (2) (Dépêche ministérielle du.....) Passé à la ᵉ compagnie, ou à l'état-major du régiment, ou à..... (2) ayant été promu au grade de ou à l'emploi de..... par décret impérial ou par décision ministérielle du..... (Dépêche du.....)</td><td colspan="2">Ces mutations sont suivies du renseignement (présent, etc.) si l'officier n'est pas encore parti pour sa nouvelle destination, et dans ce cas la mutation est répétée jusqu'à ce que le départ ait été effectué; le nom est alors rayé comme sur les contrôles pour indiquer que l'officier n'est plus à la portion de corps.
Le feuillet matriculaire de l'officier passé à une autre portion de corps est envoyé directement à cette portion. Celui de l'officier passé à un autre service est retourné au dépôt.</td></tr>
<tr><td>Non-activité.</td><td colspan="2"></td></tr>
<tr><td>Mis en non-activité par retrait ou suspension d'emploi ou pour infirmités temporaires, par décret impérial du..... dépêche du..... (S'est retiré à.....)</td><td colspan="2">Le feuillet matriculaire est envoyé au dépôt comme pour tous les cas où l'officier cesse de compter au corps.</td></tr>
<tr><td>Retraite.</td><td colspan="2"></td></tr>
<tr><td>Admis à la pension de retraite pour ancienneté de services ou pour blessures ou infirmités, par décret impérial du..... s'est retiré à.....</td><td colspan="2">Cette mutation n'a lieu qu'après la remise du brevet de pension et serait la même dans le cas où l'officier serait déjà dans ses foyers pour y attendre la liquidation.</td></tr>
<tr><td>Décès.</td><td colspan="2"></td></tr>
<tr><td>Décédé le..... suite de........... à.....</td><td colspan="2">Relater exactement le genre de mort et le lieu, en précisant si le décès a eu lieu à l'hôpital ou au domicile. Dans le cas où le décès ouvrirait des droits à une pension de veuve ou d'orphelin, la portion de corps à l'extérieur joindrait à l'état les pièces exigées, si la proposition devait être faite en France.</td></tr>
<tr><td>Campagnes.</td><td colspan="2"></td></tr>
<tr><td>La Meuse, transport, à Toulon, du... (Martinique, dépêche du.....)</td><td>Embarquement en France.</td><td rowspan="3">Les dates et les lieux d'embarquement et de débarquement et la désignation des bâtiments sont de rigueur pour la matricule. Les formules : Embarqué le... débarqué le... sont inutiles pour préciser la position à bord, et on évite les mots inclus ou exclus. La date au... est toujours exclue, et elle est la même que celle de la mutation ou de la position suivante. Quand la mutation d'embarquement est seule indiquée, l'annotation entre parenthèses du lieu de destination et de la dépêche, est un rensei-</td></tr>
<tr><td>La Meuse, transport, à Toulon, du... au..... à la Martinique (Dépêche du...)</td><td>Débarquement aux colonies.</td></tr>
<tr><td>A la Martinique du..... (Parti de France le.....)</td><td>Pendant le séjour aux colonies.</td></tr>
</table>

MUTATIONS. — FORMULES.		OBSERVATIONS.
A la Martinique du..... au..... l'*Africaine*, frégate, à la Martinique du..... (*Pour rentrer en France.*)	Embarquement aux colonies.	gnement qui explique le mouvement de l'officier. Le port ou la colonie où a lieu le débarquement doit toujours relater l'embarquement. Dans les colonies, l'annotation : (parti de France le...) qui est la date de l'embarquement, ne doit pas être omise. Cette annotation serait modifiée dans le cas du retour dans la colonie après un congé passé en France; le temps de congé étant déduit du service colonial.
L'Africaine, frégate, à la Martinique du..... transbordé sur le *Styx*, vapeur, le..... au..... à Brest.	Débarquement en France.	
Expédition de..... du..... au.....		La nature des expéditions ou campagnes et les changements de l'état de paix à l'état de guerre, et réciproquement, doivent être exactement relatés d'après les documents officiels.
Blessures et actions d'éclat. Résumer les pièces justificatives ou les ordres donnés.		Les blessures doivent toujours être appuyées de certificats qui en relatent la nature et les circonstances, pour y avoir recours dans les cas de non-activité, réforme et retraite, si la proposition n'est point faite par la portion de corps. Les citations ou actions d'éclat doivent être également appuyées des pièces prescrites par les règlements en vigueur. Il n'est pas inutile d'indiquer sur les états de mutations les diverses fonctions qui peuvent être remplies par un officier, et qui doivent, ou être inscrites sur la matricule, ou servir comme renseignements.
Décorations. Nommé..... de la Légion d'honneur, par décret impérial du..... Autorisé à accepter et à porter la décoration de... par décret impérial du.....		Le grade de l'officier dans la Légion d'honneur est toujours indiqué sur l'état.

TROUPE. (Etat modèle n° 67, art. 682 de l'ordonnance) :

Les hommes sont inscrits par rang de numéros de la matricule. Une table alphabétique est jointe, si l'état comprend plus de vingt noms.

Etat-Civil. Comme pour les officiers, en rappelant la date de l'autorisation de mariage donnée par le Conseil d'administration central. Si, après l'incorporation il survient une marque particulière notable dans le signalement, elle est indiquée sur l'état de mutations. Les modifications aux noms, prénoms, date et lieu de naissance, filiation, etc., quoique opérées par la portion centrale après justification, doivent néanmoins être portées sur l'état mensuel des mutations après changement opéré sur les feuillets et sur les livrets.	Joindre un extrait de l'acte de mariage ou du décès de la femme. Comme renseignement particulier sur l'état civil des militaites, les portions de corps adressent au conseil central, tous les ans, dès la réception de la dépêche annonçant une inspection générale, et à défaut, avec les mutations du mois de décembre, un état, même *néant*, indiquant nominativement les officiers et les hommes de troupe mariés ou veufs avec le nombre d'enfants et l'âge et le sexe de ces derniers.

MUTATIONS. — FORMULES.	OBSERVATIONS.
Titre sous lequel l'incorporation a eu lieu. *Nota.* — Les hommes incorporés dans les portions détachées ne sont pas ordinairement portés sur l'état mensuel des mutations; Ces hommes font l'objet d'une demande de N°s de la matricule (modᵉ J du manuel), laquelle doit présenter les mutations d'après ce formulaire.	
Incorporé à compter du..... comme (A, B, C, D, E, F, G.) A, APPELÉ inscrit sous le n°..... de la liste du contingent du département d... (classe de 18...) B, SUBSTITUANT du sieur *nom, prénoms et degré de parenté* inscrit sous le n°... (*comme pour l'appelé.*) C, REMPLAÇANT admis par le conseil de révision (acte du.....) servant pour le sieur *nom, prenoms et degré de parenté* de la classe de 18... inscrit sous le n° de la liste du contingent du département de..... D, REMPLAÇANT par voie administrative pour..... ans (acte du.....) à..... département d.....	L'Incorporation prend date : pour les jeunes soldats, les substituants et les remplaçants venus du recrutement du jour où ils ont été mis en route pour se rendre au corps; pour les remplaçants au corps d'après la nouvelle loi, du jour où les remplacés sont rayés des contrôles; pour les engagés, du jour de l'engagement; et pour les hommes venus d'un autre corps, du jour où ils ont cessé de compter à ce corps. Pour les hommes venus du recrutement, joindre à l'état le contrôle signalétique après y avoir annoté la date de l'arrivée au corps et le n° de la compagnie.
E, REMPLAÇANT au corps (acte du.....) servant pour le sieur *nom, prénoms et degré de parenté*, inscrit sous le n° matricule..... et libérable le.....	Joindre toutes les pièces justificatives du remplacement.
F, Engagé volontaire le..... pour... ans, à..... département d.....	Joindre une expéditon de l'acte, et suivant le cas copie de la dépêche autorisant l'engagement ou la dispense de taille.
G, VENANT *indiquer le corps et en vertu de quelle décision ministérielle, ou de quel ordre de l'autorité supérieure l'incorporation a eu lieu, en relatant la date ou celle du rengagement pour le corps.* Libérable le.....	Joindre le feuillet matriculaire ou l'état des services reçu de l'ancien corps, et s'il y a lieu l'acte de rengagement pour le corps qui le reçoit.
Arrivé au corps le.....	Cette date doit être celle de l'arrivée réelle constatée par les revues et non celle que peut indiquer le contrôle ou la feuille de route d'après l'itinéraire.

MUTATIONS. — FORMULES.	OBSERVATIONS.
Rengagements.	
Rengagé le..... pour... ans, à partir du..... libérable le.....	L'acte de rengagement doit être joint. Pour les hommes provenant du recrutement les dates à partir du... et libérable le... doivent être le 31 décembre et non le 1er Janvier de l'année suivante. La date de libération doit toujours faire suite à la mutation de rengagement. L'admission à la haute paie des chevrons n'est pas une mutation matriculaire.
Services antérieurs.	
Transcrire sur les feuillets matriculaires et sur les livrets dressés par le corps, les indications portées sur les pièces produites pour l'incorporation.	Envoyer ces pièces au dépôt ainsi que celles qui pourraient être fournies pour constater des anciens services.
Grades et emplois.	
2e canonnier servant le (*la date d'arrivée au corps.*) 1er canonnier servant le... canonnier ouvrier de batterie le... trompette le..... artificier le... caporal le..... caporal-fourrier le..... sergent le..... sergent-fourrier le..... sergent-major le..... sergent-major chef artificier le..... (*date de la dépêche*) adjudant sous-officier le.....	Les dates sont toujours celles de la nomination et non celles de la réception ou de l'entrée en solde. Dans le cas d'avancement au grade de sous-officier, l'extrait de l'acte de naissance est joint à l'état de mutations.
Suspension, cassation et rétrogradation.	
Suspendu de ses fonctions de..... pour (*durée*). ordre du.....	Les suspensions font l'objet de mutations matriculaires.
Remis à l'emploi de..... le.....	Pour le cas d'un adjudant ou d'un sergent-major, remis sergent.
Remis au grade de..... le.....	Pour le cas d'un sergent-major ou d'un sergent, remis caporal.
Cassé et remis 2e canonnier servant le...	Pour le cas où un sous-officier, caporal, artificier ou 1er canonnier, est remis canonnier servant de 2e classe.
Remis sur sa demande à l'emploi de... le.....	Pour le cas où par défaut d'aptitude ou pour autre cause justifiée, la rétrogradation est accordée dans les emplois du grade de sous-officier ou dans les emplois du grade de caporal.
NOTA. — Les décorés et médaillés ne peuvent être cassés que d'après l'autorisation du ministre.	
Décorations,	
Décoré de la médaille militaire le..... *date du décret.* (Pour la Légion d'honneur et pour les ordres étrangers, comme pour les officiers.)	Toute mutation qui entraîne une diminution d'effectif concernant un décoré ou un médaillé, doit être suivie de l'indication (chevalier) ou (médaille militaire) sur l'état envoyé au dépôt.

MUTATIONS. — FORMULES.	OBSERVATIONS.
Condamnations.	
Condamné le..... à..... par le..... pour..... ne sera libérable que le..... Gracié du restant de sa peine par décret du..... sera libérable le..... Peine commuée en celle de..... ou réduite à..... par décret du..... sera libérable le.....	Indiquer la date, la peine, le tribunal, le crime ou le délit, et dans ce dernier cas la prolongation du service; la condamnation en matière de crime exclu de l'armée. La mise en jugement ne doit pas être mentionnée. La copie ou extrait du jugement de condamnation est joint à l'état. Le temps de condamnation avant l'arrivée au corps des hommes provenant du recrutement doit être déduit à partir du jour où commençait le service, sans avoir égard au temps de détention antérieur.
Campagnes.	
Comme pour les officiers, si ce n'est que les dates des dépêches ordonnant les mouvements ne sont pas mentionnées, et que la date du départ de France n'est pas indiquée.	Les mouvements des hommes isolés exigent l'envoi des pièces à la portion de corps sur laquelle les militaires sont dirigés.
Blessures et actions d'éclat.	
Comme pour les officiers.	
Changement de compagnie.	
Indiquer sans aucune date le passage dans une nouvelle compagnie, par le seul n° de cette compagnie.	L'inscription qui en est faite sur le feuillet et sur le livret ne doit pas nécessiter celle du grade, si le changement de compagnie n'est pas la conséquence de mutation de grade ou d'emploi.
Cessation du service au Régiment.	
1° Décédé le..... suite de..... à.....	Voir l'annotation aux officiers.
2° Exonéré du service le..... s'est retiré à..... canton d..... département d..... a reçu un certificat de bonne conduite.	
3° Admis à la pension de retraite pour..... par décret impérial du..... s'est retiré à..... canton d..... département d..... a reçu un certificat de bonne conduite.	Voir l'annotation aux officiers.
4° A reçu un congé de réforme n° 1 le..... à..... à la revue *trimestrielle ou d'inspection générale.* S'est retiré à..... canton d..... département d.....	Dans le cas de blessures ou infirmités depuis l'incorporation.

MUTATIONS. — FORMULES.	OBSERVATIONS.
a reçu un certificat de bonne conduite, ou certificat de bonne conduite refusé.	
5° A reçu un congé de réforme n° 2 le..... à..... département d..... s'est retiré à .... etc.	Dans le cas de blessures ou infirmités antérieures à l'incorporation.
6° Passé le..... au (*indiquer le corps*) en vertu de..... (*Relater la date de la dépêche ou de l'ordre de l'autorité supérieure*).	Si c'est dans la gendarmerie de la guerre, la mutation n'est faite que sur le vu de la nomination.
7° Parti en congé de six mois renouvelable le..... en vertu de la dépêche ministérielle du..... à..... canton... etc.	Le certificat de bonne conduite n'est pas délivré.
8° Libéré provisoirement le..... en vertu de la dépêche ministérielle du... s'est retiré à..... etc. a reçu un certificat de bonne conduite ou certificat de bonne conduite refusé.	
9° Libéré définitivement le.....	Si l'homme est déjà en congé provisoire. Dans le cas contraire la suite pour le lieu et pour le certificat.
10° Promu au grade de sous-lieutenant, ou nommé chef artificier de direction, ou garde d'artillerie de..... etc., par décret impérial du....., passé à..... dépêche ministérielle du.....	
11° Rayé des contrôles le..... ayant atteint sa 18e année, ou remis à ses parents, ou ayant contracté un engagement.	Pour les enfants de troupe.
12° Rayé des contrôles le..... ayant été déclaré déserteur le.....	Mutation donnée six mois après l'abandon du corps.

NOTES SUPPLÉMENTAIRES.

Le décret portant organisation des compagnies indigènes d'ouvriers du génie aux colonies, et le réglement ministériel pour l'organisation de ces compagnies, se trouvent au bulletin officiel. B. O. 4 et 5 avril 1860, p. 369.

Ce réglement comprend le recrutement; l'armement, l'habillement et l'équipement; l'administration, solde et vivres; l'instruction militaire, et le commandement et service.

L'article 25 indique que les réglements sur la solde, les revues. l'administration et la comptabilité des troupes de la marine, sont applicables aux compagnies indigènes d'ouvriers du génie, sauf les modifications résultant de l'organisation actuelle, notamment en ce qui concerne le service de l'habillement.

Voir p. 34.

Les dispositions rappelées au 1er § du chapitre VIII sont également applicables aux officiers.

L'indemnité de route n'a été indiquée à la page 115 du manuel que pour les officiers et employés. A l'égard des sous-officiers et soldats, ils continuent à voyager par étapes, et quand il y a lieu, ils reçoivent l'indemnité fixée par l'ordonnance du 20 décembre 1837; laquelle est de 1 fr. 50 pour les adjudants; 1 fr. 25 pour les autres sous-officiers et les fourriers, et 1 fr. pour les caporaux et soldats.

Cette allocation par étape ou par journée de marche en voyageant isolément, est doublée dans certains cas, et elle est indépendante de la solde dont le militaire est rappelé à son retour au corps, dans les diverses positions prévues par l'ordonnance sur solde et les revues.

J. M. régl. du 3 Juillet 1855, art. 26 p. 42.

L'indemnité de route pour l'aller et le retour est allouée au soldat de confiance chargé de conduire le cheval d'un officier, quand ce dernier change de position en vertu d'un ordre ministériel et non sur sa demande, et quand il a plus de quatre étapes à franchir pour se rendre à son poste.

Ce militaire peut, en outre, au moyen d'un changement de corps, rester auprès de l'officier dont il a conduit le cheval.

J. M. 17 Juin et 7 Sept. 1852 p. 531 et 162, et 13 avril 1856 p, 428.

Les officiers qui passent d'une portion de corps à une autre, ont la faculté d'emmener leurs hommes de confiance, si le chef de corps y consent. La même faculté est accordée aux officiers passant des corps de la ligne dans la garde et réciproquement, après consentement des chefs de corps et autorisation ministérielle.

L'indemnité de route est accordée à ces militaires.

Monit. du 15 Juin 1860.

Par une décision impériale du 12 juin 1860 rendue sur la proposition du grand chancelier, les traitements de la légion d'honneur et de la médaille militaire devront être payés par semestre et sur titres.

La mise à exécution de ce mode de paiement commencera le 1er juillet 1860 pour les légionnaires appelés à jouir du traitement, en vertu de l'article 16 de la loi du 11 juin 1859.

Quant aux autres membres de l'ordre et aux décorés de la médaille militaire, les traitements de l'année 1860 continueront à être payés d'après le mode en usage; et la mesure ordonnée par l'Empereur ne sera nécessairement applicable qu'à partir du 1er juillet 1861.

Voir p. 44 et 101.

A moins d'instructions contraires à celles indiquées au chapitre XXX, les détachements auront à faire parvenir au dépôt du corps pour le 1er juillet et pour le 1er janvier, l'état modèle I qui n'était dressé que tous les ans pour le paiement des titulaires.

RELEVÉ GÉNÉRAL *du Registre Journal de la portion du corps stationnée à* *pour servir à la Centralisation du* *Trimestre 18*

MODÈLE A.

DISTINCTION DES RECETTES

DATES.	N[os] d'ordre des Recettes.	N[os] d'ordre des Dépenses.	DÉTAIL DES RECETTES ET DÉPENSES INSCRITES AU REGISTRE JOURNAL.	TOTAUX des Recettes.	TOTAUX des Dépenses.	Solde et accessoires de solde.	Masse individuelle.	Masse d'entretien.	Indemnité représentative de vivres et de liquides.	Avances remboursées : Habillement.	Entretien des armes.	Entretien des écoles.	Emballage.	Dotation de l'armée.	Légion d'honn[r].	Fonds divers.	Versem[ts] de fonds d'une portion de corps à l'autre.	
			Report.															
			Nota. — On inscrira sur ce Relevé toutes les recettes et dépenses afférentes au même trimestre, quelles que soient leurs dates.															
			Totaux des inscriptions au Journal.	23507 28	25145 91	20888 88	1657 44	45 74	92 10	300 60	138 98	210 60	27 00	138 10	»	»	»	»
			Parties prenantes isolées.															
			M...... Délégation du...... au......	147 00	147 00	147 00	»	»	»	»	»	»	»	»	»	»	»	»
			M...... détaché à...... solde du...... au......	238 25	238 25	238 25	»	»	»	»	»	»	»	»	»	»	»	»
			Avances de solde à un détachement de......	137 41	137 41	137 41	»	»	»	»	»	»	»	»	»	»	»	»
			TOTAUX GÉNÉRAUX. . . . . (1)	24029 94	25668 57	21411 04	1657 44	45 74	92 10	300 60	138 98	210 60	27 00	138 10	»	»	»	»
			Les Recettes pour solde, accessoires de solde et masses, et les Dépenses pour solde et accessoires de solde, sont de.	23068 48		21411 04	1657 44											
			A déduire, des Recettes, celles qui ont une autre origine que les ordonnancements ou imputations détaillées au décompte de libération. (voir le détail ci-dessous)	258 68		1 24	257 44											
			A déduire des dépenses. Trop payé à la troupe, remboursé. . . . . 0 04 ; Trop payé pour vivres, remboursé. 1 20															
			Reste à comparer aux crédits.	22809 80		21409 80	1400 00											
			Les Crédits d'après le décompte provisoire (page 3) sont de. .	22959 14		21466 64	1492 50											
			Moins perçu de la revue précédente (même page)..	5 13		5 13	»											
			Ensemble (page 5).	22964 27		21471 77	1492 50											
			Diminution { Pour ...... des masses (pages 5 et ...) ...... ; Du trop perçu de la revue précédente (page ...)	61 98		61 98	»											
			RESTE POUR CRÉDIT..	22902 29		21409 79	1492 50											
			Les Crédits excèdent les Recettes (page 25).	92 49														
			SAVOIR { *Trop perçu.*			0 01												
			SAVOIR { *Moins perçu.*				92 50											
			Les dépenses égalent les crédits.															
			Virements de la portion du corps															
			Moins perçu par la Masse individuelle remboursé par la Solde.	92 50	92 50	»	92 50	»	»	»	»	»	»	»	»	»	»	»
			Masses des exclus, réformés, etc., versées à la Solde. . . .	61 98	61 98	61 98	»	»	»	»	»	»	»	»	»	»	»	»
			Allocation trimestrielle de la masse d'entretien.	137 50	137 50	»	»	137 50	»	»	»	»	»	»	»	»	»	»
			Envoi de fonds effectué.	1500 00	1500 00	»	»	»	»	»	»	»	»	»	»	»	1500 00	»
			Traitement de la Légion d'Honneur.	750 00	750 00	»	»	»	»	»	»	»	»	»	750 00	»	»	»
			. . . .															
			. . . .															
			. . . .															
			TOTAUX. . . . . . . (2)	2541 98	2541 98	61 98	92 50	137 50	»	»	»	»	»	»	750 00	»	1500 00	»
			Récapitulation comparative															
			Report des excédants du trimestre précédent.	3606 46	250 97	»	3606 46	»	»	»	»	»	»	»	»	»	»	»
			Recettes et Dépenses du trimestre 18 { Effectives. . . . . (1)	24029 94	25668 57	21411 04	1657 44	45 74	92 10	300 00	138 98	210 60	27 00	138 10	»	»	»	»
			Recettes et Dépenses du trimestre 18 { par virements. . . . . (2)	2541 98	2541 98	61 98	92 50	137 50	»	»	»	»	»	»	750 00	»	1500 00	»
			TOTAUX.	30178 38	28460 62	21473 02	5356 40	183 24	92 10	300 60	138 98	210 60	27 00	138 10	750 00	»	1500 00	»
			REPORT DES DÉPENSES.	28460 62	»	21565 51	3318 66	277 99	92 10	309 60	272 36	210 00	27 00	138 10	750 00	»	1500 00	»
			Excédant { des Recettes sur les Dépenses. 2037, 71			A	2037 74	C	»	»	D	»	»	»	»	»	»	»
			Excédant { des Dépenses sur les Recettes. 319, 98			92 49	B	94 05	»	»	133 44	»	»	»	»	»	»	»
			Partant il y a un excédant de recette de	1717 73														
			Les recettes inscrites au Journal, postérieures au trimestre sont de.	2618 42														
			Ensemble.	4336 15														
			Les dépenses au même titre et qui seront justifiées sont de. . .	1144 73														
			Il reste en caisse, en espèces, après arrêté conforme du Journal, au *(date du présent relevé)*.	2191 42														

Détail des sommes à déduire des Recettes :

	SOLDE.	MASSE individuelle.
Effets du chap. 5 passés au ch. 2 remboursés par le Trésor.	»	11 90
Effets cédés et remboursés par un autre corps.	»	60 00
Versements aux masses.	»	185 54
Trop payé à la troupe, remboursé.	0 04	»
Trop perçu pour vivres, remboursé.	1 20	»
TOTAUX.	1 24	257 44

DISTINCTION DES DÉPENSES

DÉTAIL	Solde et accessoires de solde.	Masse individuelle.	Masse d'entretien.	Indemnité représentative de vivres et de liquides.	Avances remboursables : Habillement.	Entretien des armes.	Entretien des écoles.	Emballage.	Dotation de l'armée.	Légion d'honn[r].	Fonds divers.	Versem[ts] de fonds d'une portion de corps à l'autre.	
Totaux des inscriptions au Journal.	20945 92	869 18	162 47	92 10	300 60	142 24	210 00	27 00	138 10	750 00	»	1500 00	»
M...... Délégation du...... au......	147 00	»	»	»	»	»	»	»	»	»	»	»	»
M...... détaché à...... solde du...... au......	238 25	»	»	»	»	»	»	»	»	»	»	»	»
Avances de solde à un détachement de......	137 41	»	»	»	»	»	»	»	»	»	»	»	»
TOTAUX GÉNÉRAUX. (1)	21467 88	869 18	162 47	92 10	309 60	142 24	210 00	27 00	138 10	750 00	»	1500 00	»
Les Recettes pour solde, ... et les Dépenses pour solde et accessoires de solde, sont de	21467 88												
A déduire des dépenses	1 24												
Reste à comparer aux crédits	21406 64												
Les Crédits d'après le décompte provisoire	21466 64												
Les dépenses égalent les crédits	»												
Moins perçu par la Masse individuelle remboursé par la Solde.	92 50	»	»	»	»	»	»	»	»	»	»	»	»
Masses des exclus, réformés, etc., versées à la Solde.	»	61 98	»	»	»	»	»	»	»	»	»	»	»
Allocation trimestrielle de la masse d'entretien.	»	137 50	»	»	»	»	»	»	»	»	»	»	»
Envoi de fonds effectué.	»	1500 00	»	»	»	»	»	»	»	»	»	»	»
Traitement de la Légion d'Honneur.	»	750 00	»	»	»	»	»	»	»	»	»	»	»
TOTAUX. (2)	92 50	2449 48	»	»	»	»	»	»	»	»	»	»	»
Report des excédants du trimestre précédent.	5 13	»	114 52	»	»	130 12	»	»	»	»	»	»	»
Effectives. (1)	21467 88	869 18	162 47	92 10	309 60	142 24	210 00	27 00	138 10	750 00	»	1500 00	»
par virements. (2)	92 50	2449 48	»	»	»	»	»	»	»	»	»	»	»
TOTAUX.	21525 51	3318 66	277 99	92 10	309 60	272 36	210 00	27 00	138 10	750 00	»	1500 00	»

Explications sur les excédants.

A Le moins perçu de la revue est égal à la somme qui revient au corps. 92 49
B L'excédant de recette, doit servir aux envois de fonds, art. 136 de l'ordonnance 2037 74
C Somme dépensée en trop.. . . . . 94 05
D Valeur des pièces d'armes en magasin égale à l'excédant.. . . . . 133 44

Effets du chapitre 5.

Il existait en magasin au 1er jour du trimestre 18 des effets pour.		3192 35
Effets reçus du dépôt pendant le trimestre.	2571 00	2899 15
Effets reçus directement et payés aux fournisseurs..	115 06	
Effets reçus du chapitre 2 et dont le montant a été versé au Trésor.	78 00	
Effets cédés par le........ et payés..	135 15	
TOTAL.		6091 50
Montant des effets délivrés (colonne 24 de la feuille de décompte).	1108 92	1210 96
Effets cédés au........, dont il a été fait recette du montant.	60 00	
Effets passés au chapitre 2 remboursés par le Trésor..	11 90	
Effets condamnés ou réduits de prix par procès-verbal du.	30 14	
Valeur des effets du chapitre 5 en magasin au dernier jour du trimestre..		4880 54

Renseignements sur les virements à faire par le Dépôt.

Théories cédées et imputées aux masses. 17 18
Effets du chapitre 5 délivrés aux enfants. 14 12
Masses des hommes morts, etc 118 24
. . . .

Ce relevé, qui est envoyé aussitôt que la dernière inscription afférente au trimestre a été faite au Journal, doit être accompagné :

Pour la Solde, du relevé des sommes payées aux officiers modèle E, et de l'état comparatif modèle 102 pour la troupe, en marge desquels les numéros du Journal sont relatés.

Pour la Masse individuelle, de la copie des pièces de recettes directes ou de dépenses, lorsque la justification n'est pas donnée par la feuille de décompte ou par son relevé général.

Pour la Masse d'entretien, des pièces de dépenses lorsque l'importance de l'excédant rend indispensable la justification.

Pour les Avances remboursables, des pièces ne sont nécessaires que dans le cas seulement où les recettes ne sont pas égales aux dépenses.

Pour la Légion d'honneur, la copie des états nominatifs de paiement.

Pour les Fonds divers, des pièces justifiant ces recettes ou dépenses accidentelles.

Pour les Versements de Fonds, des pièces justificatives, lorsque des mouvements de fonds ont eu lieu avec d'autres portions que le dépôt du corps.

Les colonnes sans emploi peuvent être supprimées.

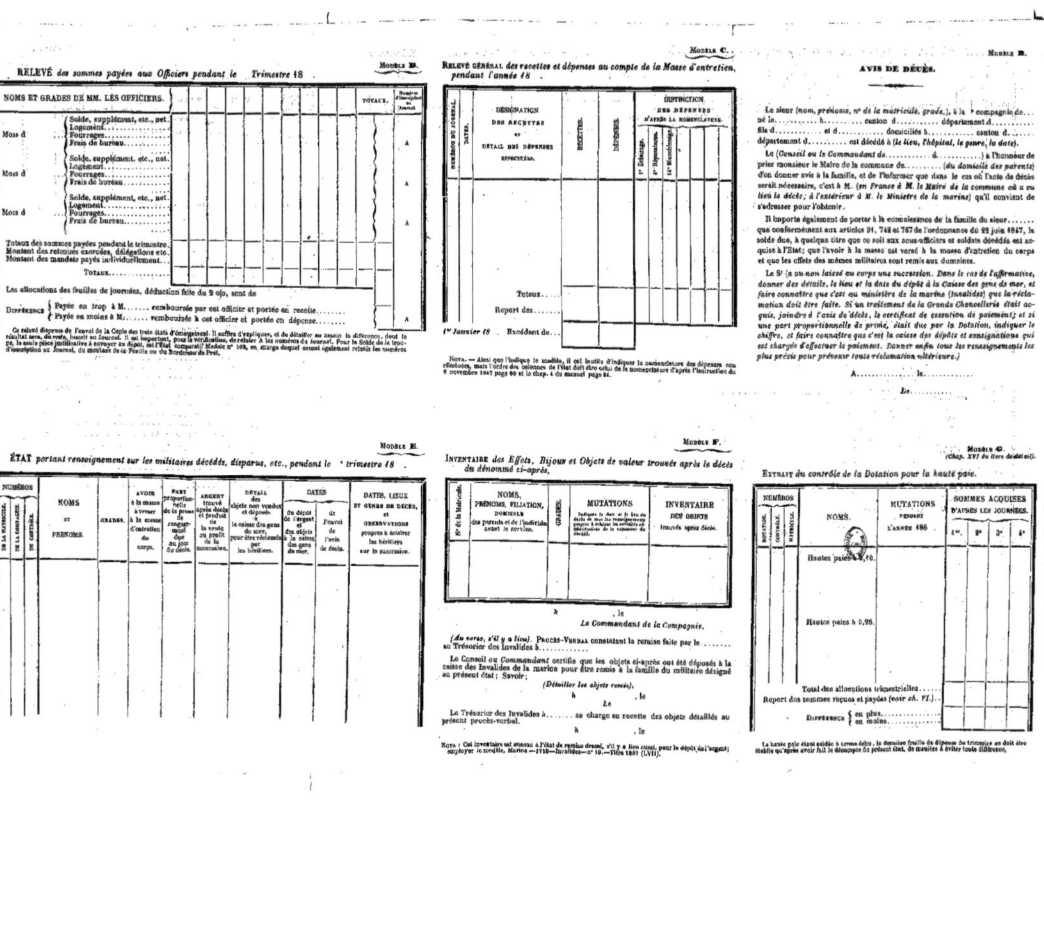

Modèle B.

RELEVÉ *des sommes payées aux Officiers pendant le Trimestre 18 .*

NOMS ET GRADES DE MM. LES OFFICIERS.											TOTAUX.	Numéros d'inscription au Journal.
Mois d … Solde, supplément, etc., net. / Logement. / Fourrages. / Frais de bureau.												A
Mois d … Solde, supplément, etc., net. / Logement. / Fourrages. / Frais de bureau.												A
Mois d … Solde, supplément, etc., net. / Logement. / Fourrages. / Frais de bureau.												A
Totaux des sommes payées pendant le trimestre. / Montant des retenues exercées, délégations etc. / Montant des mandats payés individuellement.												
Totaux.												
Les allocations des feuilles de journées, déduction faite du 2 o/o, sont de												
Différence { Payée en trop à M. …… remboursée par cet officier et portée en recette. …… / Payée en moins à M. …… remboursée à cet officier et portée en dépense. ……												A

Ce relevé dispense de l'envoi de la Copie des trois états d'émargement. Il suffira d'expliquer, et de détailler au besoin la différence, dont le résultat sera, du reste, inscrit au Journal. Il est important, pour la vérification, de relater A les numéros du Journal. Pour la Solde de la troupe, la seule pièce justificative à envoyer au dépôt, est l'État comparatif Modèle n° 108, en marge duquel seront également relatés les numéros d'inscription au Journal, du montant de la Feuille ou du Bordereau de Prêt.

Modèle C.

RELEVÉ GÉNÉRAL *des recettes et dépenses au compte de la Masse d'entretien, pendant l'année 18 .*

Numéros du Journal.	Dates.	Désignation des recettes et détail des dépenses effectuées.	Recettes.	Dépenses.	Distinction des dépenses d'après la nomenclature: 1° Éclairage.	4° Réparations.	14° Blanchissage.				
		Totaux……									
		Report des……									
1er Janvier 18		Excédant de…									

Nota. — Ainsi que l'indique le modèle, il est inutile d'indiquer la nomenclature des dépenses non effectuées, mais l'ordre des colonnes de l'état doit être celui de la nomenclature d'après l'instruction du 8 novembre 1847 page 60 et le chap. 4 du manuel page 24.

Modèle B.

AVIS DE DÉCÈS.

Le sieur (*nom, prénoms, n° de la matricule, grade,*), à la compagnie de… né le………… à………… canton d………… département d………… fils d………… et d………… domiciliés à………… canton d………… département d………… est décédé à (*le lieu, l'hôpital, le genre, la date*).

Le (*Conseil ou le Commandant de………… à…………*) a l'honneur de prier monsieur le Maire de la commune de………… (*du domicile des parents*) d'en donner avis à la famille, et de l'informer que dans le cas où l'acte de décès serait nécessaire, c'est à M. (*en France à M. le Maire de la commune où a eu lieu le décès; à l'extérieur à M. le Ministre de la marine*) qu'il convient de s'adresser pour l'obtenir.

Il importe également de porter à la connaissance de la famille du sieur…… que conformément aux articles 31, 742 et 767 de l'ordonnance du 22 juin 1847, la solde due, à quelque titre que ce soit aux sous-officiers et soldats décédés est acquise à l'État; que l'avoir à la masse est versé à la masse d'entretien du corps et que les effets des mêmes militaires sont remis aux domaines.

Le Sr (*a ou non laissé au corps une succession. Dans le cas de l'affirmative, donner des détails, le lieu et la date du dépôt à la Caisse des gens de mer, et faire connaître que c'est au ministère de la marine (Invalides) que la réclamation doit être faite. Si un traitement de la Grande Chancellerie était acquis, joindre à l'avis de décès, le certificat de cessation de paiement; et si une part proportionnelle de prime, était due par la Dotation, indiquer le chiffre, et faire connaître que c'est la caisse des dépôts et consignations qui est chargée d'effectuer le paiement. Donner enfin tous les renseignements les plus précis pour prévenir toute réclamation ultérieure.*)

A………… le…………

Le…………

Modèle E.

ÉTAT *portant renseignement sur les militaires décédés, disparus, etc., pendant le trimestre 18 .*

Numéros de la matricule.	Numéros de la compagnie.	Numéros du contrôle.	Noms et prénoms.	Grades.	Avoir à la masse à verser à la masse d'entretien du corps.	Part proportionnelle de la prime de rengagement due au jour du décès.	Argent trouvé après décès et produit de la vente au profit de la succession.	Détail des objets non vendus et déposés à la caisse des gens de mer, pour être réclamés par les héritiers.	Dates du dépôt de l'argent et des objets à la caisse des gens de mer.	Dates de l'envoi de l'avis de décès.	Dates, lieux et genre de décès, et observations propres à éclairer les héritiers sur la succession.

Modèle F.

INVENTAIRE *des Effets, Bijoux et Objets de valeur trouvés après le décès du dénommé ci-après,*

N° de la Matricule.	Noms, prénoms, filiation, domicile des parents et de l'individu avant le service.	Grades.	Mutations (Indiquer la date et le lieu du décès et tous les renseignements propres à éclairer les autorités administratives de la commune du décédé.)	Inventaire des objets trouvés après décès.

à , le

Le Commandant de la Compagnie,

(*Au verso, s'il y a lieu*). Procès-Verbal constatant la remise faite par le……. au Trésorier des Invalides à………….

Le Conseil ou *Commandant* certifie que les objets ci-après ont été déposés à la caisse des Invalides de la marine pour être remis à la famille du militaire désigné au présent état; Savoir;

(*Détailler les objets remis*).

à , le

Le

Le Trésorier des Invalides à……. se charge en recette des objets détaillés au présent procès-verbal.

à , le

Nota : Cet inventaire est annexé à l'état de remise dressé, s'il y a lieu aussi, pour le dépôt de l'argent; employer le modèle, Marine — 1110 — Invalides — n° 10. — Titre 1857 (LVII).

Modèle G.
(*Chap. XVI du livre de détail*).

EXTRAIT *du contrôle de la Dotation pour la haute paie.*

Numéros Dotation.	Numéros Contrôle.	Numéros Matricule.	Noms.	Mutations pendant l'année 186 .	Sommes acquises d'après les journées: 1er.	2e	3e	4e
			Hautes paies à 0,10.					
			Hautes paies à 0,20.					
Total des allocations trimestrielles……								
Report des sommes reçues et payées (*voir ch. VI.*)…								
Différence { en plus………… / en moins…………								

La haute paie étant soldée à terme échu, la dernière feuille de dépense du trimestre ne doit être établie qu'après avoir fait le décompte du présent état, de manière à éviter toute différence,

(Modèle [illegible].)

SITUATION numérique au 1er 18

DÉTAIL.	OFFICIERS (1) de l'état-major.	OFFICIERS (1) des compagnies actives. capit.	OFFICIERS (1) des compagnies actives. lieut.	TOTAL.	TROUPE (1) Petit état-major.	SECTION HORS-RANG. SERGENTS.	CAPORAUX	CAPORAUX 1ers ouvriers Tailleurs.	Armuriers.	Cordonniers.	CANONNIERS ouvriers. Armuriers.	Tailleurs.	Cordonniers.	TOTAL.	COMPAGNIES ACTIVES.	canonn. servant de	canonn. ouvriers de	TOTAL.	EFFECTIF	ENFANTS DE TROUPE. (5)	SUBSISTANTS (1) OFFICIERS.	TROUPE.	Enfants de troupe.
Effectif au 1er 18																							
Gains (2).......																							
Totaux..........																							
Pertes (2)......																							
Effectif au 1er 18 (3)																							
DÉCOMPOSITION DE L'EFFECTIF.																							
Présents..........																							
Embarqués..........																							
Détachés en Europe.....																							
Détachés aux colonies....																							
Hôpitaux du lieu......																							
Hôpitaux externes......																							
En Congé permissions.....																							
En Congé convalescence....																							
En Congé temporaires.....																							
...																							
En Jugement et en Détention.																							
En Désertion..........																							
Annoncés non arrivés......																							
...																							
Total égal à l'effectif...(3).																							
RÉCAPITULATION PAR COMPAGNIE (4).																							
Etat-Major et sectns hors-rang.																							
e Compagnie.....																							
e Compagnie.....																							
e Compagnie.....																							
e Compagnie.....																							
e Compagnie.....																							
Total égal à l'effectif...(3).																							

(1) L'entête de cet état peut être modifié selon le cas, en supprimant les colonnes non indispensables, et en y ajoutant les colonnes nécessaires pour le former suivant l'ordre des grades, classes ou emplois que comporte l'organisation du corps ou du détachement pour lequel il est établi.
(2) D'après les mutations détaillées nominativement au verso de la présente situation, et ayant eu lieu pendant le mois précédant la date de son établissement.
(3) Ces trois totaux doivent présenter les mêmes chiffres.
(4) Cette récapitulation devient inutile pour les portions de corps qui ne sont composées que d'une compagnie ou d'une fraction de compagnie.
(5) On remarquera que les enfants de troupe ne doivent pas être compris dans l'effectif.

(Verso de la situation H.)

Détail des gains et des pertes.

NUMÉROS DES COMPAGNIES	NUMÉROS ANNUELS.	NOMS.	GRADES.	MUTATIONS.	INDICATIONS DES GAINS ET DES PERTES par le chiffre 1.	INDICATIONS DES GAINS ET DES PERTES par Grade.
				GAINS (*En suivant l'ordre des grades, classes et emplois selon le corps*).		
				TOTAL........................		
				PERTES (*Même observation que ci-dessus*).		
				SUBSISTANTS.		

Modèle J.

CONTROLE DE LA DOTATION DE L'ARMÉE.

NUMÉROS		NOMS, PRÉNOMS ET SURNOMS.	DATE ET LIEU de la naissance.	Titre sous lequel l'homme est lié au service au moment du rengagement ou date de la libération de l'engagé.	NUMÉROS		GRADES.	RENGAGEMENT OU ENGAGEMENT VOLONTAIRE APRÈS LIBÉRATION													ÉPOQUE A LAQUELLE LA HAUTE PAIE JOURNALIÈRE doit être allouée.		MUTATIONS ET OBSERVATIONS.
											SERVICES ACCOMPLIS				1re PORTION		2e PORTION		3e PORTION				
d'ordre au contrôle de la dotation.	de la compagnie.				Annuels.	de la Matricule.		DATE DE LA DÉCISION qui l'autorise.	DATE, Lieu et Durée.	ÉPOQUE à laquelle il doit commencer.	à la date de l'acte.	à l'époque où il doit commencer.	DATE DE L'ARRÊTÉ portant fixation de la prime.	ALLOCATION TOTALE.	Prime ou annuité.	Lieu et Date du paiement.	Prime ou annuité.	Lieu et Date du paiement.	Prime ou annuité.	Lieu et date du paiement.	à 0,10	à 0,20	
											An. m. j.	An. m. j.											Nota. Dans le cas de passage dans un autre corps ou dans une autre portion du corps l'avait envoyé, indiquer en outre dans cette colonne jusqu'à quelle date la haute paie a été soldée,

Modèle K.

ÉTAT portant demande de numéros de la matricule du corps pour des militaires incorporés.

NUMÉROS de la COMP^ie.	NOMS ET PRÉNOMS.	GRADES.	MUTATIONS.	NUMÉROS de la MATRICULE	OBSERVATIONS.
			Incorporé à compter du...... comme...... arrivé au corps le......		A servi dans le... n° matricule... du... au... comme... ainsi que le constatent les pièces ci-jointes ou bien, ainsi que le déclare ce militaire.

Modèle L.

LÉGION D'HONNEUR.

ÉTAT des Mutations survenues pendant l'année 186 , parmi les membres de la Légion d'honneur et les décorés de la Médaille militaire ayant droit au traitement, et indiquant leur position au 31 décembre même année.

NUMÉROS sur les Matricules de l'Ordre. A.	NOMS ET PRÉNOMS.	GRADES DANS LE CORPS 1° Lors de la nomination. 2° actuellement.	DATES des Nominations dans l'Ordre.	DATES de l'envoi des pièces à la Grande Chancellerie. B.	MUTATIONS pendant L'ANNÉE. C.	POSITION au 31 décembre 18 D.	OBSERVATIONS.
	1re SÉRIE. *Membres de la Légion d'honneur décorés étant sous-officiers ou soldats en activité.*						A. Les états des années précédentes font connaître ce numéro qui est donné par la Grande Chancellerie pour ceux qui ont été nommés pendant l'année.
	2e SÉRIE. *Officiers nommés ou promus dans l'Ordre depuis le décret du 22 janvier 1852.*						B. Ces pièces sont pour ceux nommés depuis le 1er janvier : l'état des services, l'acte de naissance, et pour la Légion d'honneur le procès-verbal d'individualité.
	COMMANDEURS.						C. Les mutations ont pour objet de faire connaître les gains et les pertes du corps. Les militaires décorés ou médaillés venus d'autres corps depuis le 1er janvier, ont dû fournir une cessation de paiement qui sera jointe au présent état.
	OFFICIERS.						Un certificat de cessation de paiement a également dû être délivré pour les décorés médaillés qui ayant quitté le corps depuis le dernier paiement effectué, ne seront pas compris sur l'état qui sera dressé par le conseil central.
	CHEVALIERS.						
	3e SÉRIE. *Sous-Officiers et Soldats titulaires de la Médaille Militaire.* (Décret du 29 février 1852).						D. Indiquer le port et suivant le cas, le lieu où se trouve employé le décoré ou médaillé, comptant à l'effectif de la portion de corps le 31 décembre.

…ÉRATIONS PENDANT L'ANNÉE 1858.

(PAR PROFESSIONS).

PROFESSIONS des DÉPOSANTS.	NOMBRE DE LIVRETS				MONTANT des sommes dues aux DÉPOSANTS au 1er Janv. 1858	VERSEMENTS pendant L'ANNÉE.	REMBOURSEMENTS pendant l'année.		MONTANT des INTÉRÊTS acquis aux déposants.	SOLDE restant dû aux DÉPOSANTS le 31 Déc. 1858.
	Existant au 1er Janv. 1858.	Ouverts pendant l'année.	Soldés pendant l'année.	Restant au 31 Déc. 1858.			FONDS employés en achats de rentes pour compte des déposants.	en espèces. et par transferts.		
Ouvriers	734	167	102	799	327,072 50	115,962 77	3,815 25	71,366 36	11,974 06	379,827 72
Domestiques	373	51	37	387	125,408 32	28,034 43	2,601 15	22,482 10	4,342 16	132,701 66
Employés	105	29	17	117	34,972 87	25,991 91	»	16,233 75	1,317 86	46,048 89
Militaires et marins	436	153	94	495	198,703 88	69,366 69	1,246 30	72,734 »	6,798 94	200,889 21
Professions diverses	505	97	96	506	193,138 86	85,373 25	5,873 15	77,414 »	6,506 52	201,731 48
Mineurs	389	80	55	414	108,121 60	43,309 12	5,015 45	26,097 22	3,909 07	124,227 12
Sociétés	10	»	1	9	11,805 08	1,591 »	»	756 83	439 35	13,078 60
TOTAUX	2552	577	402	2727	999,223 11	369,629 17	18,551 30	287,084 26	35,287 96	1,098,504 68

IMPRIMÉ PAR ED. CORFMAT.

www.ingramcontent.com/pod-product-compliance
Ingram Content Group UK Ltd.
Pitfield, Milton Keynes, MK11 3LW, UK
UKHW022351090726
13658UKWH00002B/583

9 782019 966775